MORALE
DES
PRINCES.
TROSIEME PARTIE.

MORALE

DES PRINCES,

TRADUITE DE L'ITALIEN

DU COMTE J. B. COMAZZI.

TROISIEME PARTIE.

A PARIS,

Chez P. G. SIMON, Imprimeur du Parlement, rue de la Harpe, à l'Hercule.

MDCCLIV.

Avec Approbation & Privilege du Roi.

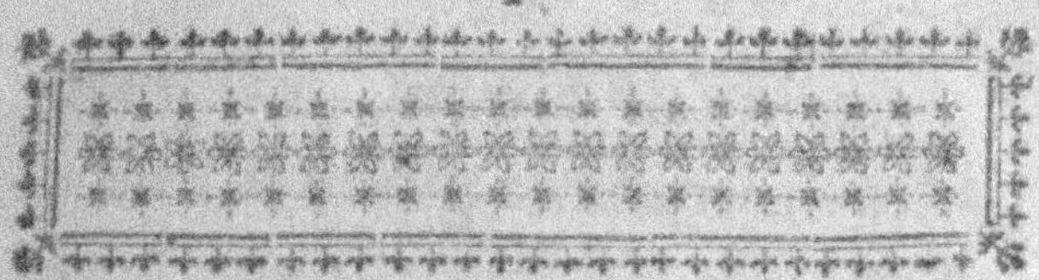

MORALE
DES
PRINCES.
TROISIEME PARTIE.

CHAPITRE PREMIER.
TITUS.

TITUS est de tous les Empereurs, le seul dont la bonté lui ait acquis le titre de *Delices du genre humain*: le titre d'Empereur fait craindre ; celui d'Auguste fait respecter ; mais le titre de *Delices du genre*

III. Partie.   A

humain fait aimer , & l'amour
des Sujets eſt la gloire & le bonheur des Princes : Titus porte
cette vertu à un ſi haut degré ,
qu'en meſurant l'ambition ex-
ceſſive de ſon frere Domitien
ſur les bienfaits dont il le comble , on ne peut s'empêcher de
ſoupçonner le dernier d'avoir
précipité la mort du plus tendre
des freres , du plus reſpectueux
des fils, & du meilleur des Rois.

A peine Titus a-t-il hérité le
Trône de ſon Pere, qu'on le voit
ſe mettre en poſſeſſion de toutes les vertus de Veſpaſien par
la violence qu'il fait à certains
penchans , qui peuvent bien
ne pas deshonorer un Général

d'armées ; mais qui obscurci-
roient Titus sur le Trône. Il renvoye Veronique Reine des Juifs,
sa captive & sa concubine.

Chaque état a sa géographie
particuliere; c'est à chacun à pos-
séder la carte de celui qu'il embrasse pour ne pas faire de fausse
route. Si Titus change de condition, il change de mœurs: son foi-
ble est connu des Courtisans, & si
l'Empereur a les mêmes habitudes que Titus , ils regleront leur
conduite sur cette connoissance :
mais Titus devenu Empereur ,
est un homme nouveau , qui les
déconcerte. Princes, si vous connoître vous - mêmes , est une des
sciences qui vous est la plus né-

cessaire, apprenez que celle de ne pas vous laisser connoître ne l'est pas moins; la premiere est d'un Philosophe, la derniere est d'un Prince. Mais ce n'est que de la réunion de l'autorité & de la philosophie que les Peuples peuvent attendre un Prince accompli.

H Titus dans sa jeunesse s'adonnoit à l'étude de la Jurisprudence, mais Vespasien en vouloit faire un Soldat : il le fit Tribun d'une Légion lorsque sous Neron, il fut chargé de faire la guerre aux Juifs, dont Titus a triomphé dans la suite.

M Dans un Etat où chacun peut aspirer à l'autorité suprême, la

voye des armes eſt la voye
la plus ſûre pour y parvenir :
chaque grade dans le Militai-
re eſt un degré d'autorité & de
commandement ; & chaque
degré de commandement eſt un
degré de puiſſance que l'on acquiert ; de ſorte que l'on peut
aller en ligne droite juſqu'à la
ſuprême autorité. Dans la robe
au contraire chaque degré eſt un
eſclavage : Titus grand Juriſ-
conſulte, auroit bien hérité les
biens de Veſpaſien Empereur :
mais Titus ſoldat hérite de Veſpaſien l'Empire de l'Univers.

Il ſemble n'avoir aſpiré au *H*
Trône que pour ſe voir dans la
puiſſance de répandre ſes bien-

faits : il ne refuse rien de ce qui peut être accordé ; & lorsqu'il se voit réduit à l'affligeante extrêmité de ne pouvoir sur le champ accorder ce qu'on lui demande, son refus est si obligeant qu'il fait espérer d'obtenir : ses Ministres lui représentent qu'il promet trop ; mais Titus leur répond, qu'il ne convient point que des Sujets se retirent mécontens de leur Prince.

M Les Ministres n'approuvent point les promesses de Titus, parce que faute de les remplir, ceux qui les attendent murmurent contre eux ; il est naturel que les Supplians se portent plus facilement à juger mal des Mi-

niſtres que du Prince qui les
traite favorablement : l'accueil
que fait Titus à ſes Sujets tient
de la conduite d'un Pere tendre ; la réponſe qu'il fait à ſes
Miniſtres eſt d'un maître qui en
payant ſes valets, veut en être
ſervi : & telle eſt dans certaines occaſions, la ſituation fâ-
cheuſe des Miniſtres, qu'ils doivent ſe rendre odieux, pour faire aimer le Prince.

Titus, ſe rappellant un ſoir *H*
qu'il a paſſé toute la journée ſans
accorder quelque grace, dit à
ſes Courtiſans, mes amis j'ai perdu ce jour.

Le déplaiſir de Titus part *M*
d'un principe noble qui eſt gra-

vé dans son ame , & qui devroit l'être dans le cœur de tous les Princes. Un Prince est vertueux par devoir : il suffit à un Particulier de ne pas être méchant pour être bon ; mais un Prince pour être bon, doit l'être supérieurement; parce que les vertus d'un Prince doivent être éminentes , s'il veut qu'elles soient dignes de lui.

H   Titus est informé de la conspiration que deux Patriciens trament contre lui : il les fait venir en sa présence, & leur conseille avec une affabilité surprenante de changer de dessein , leur représentant que l'Empire dépend des Dieux & du Destin,

que les Dieux seuls le donnent,
& qu'il ne s'acquiert point par
l'industrie humaine ; il les renvoye chargés de présens.

Lorsque la clémence a la for- M
ce de la punition, le Juge qui punit est coupable de la mort de celui qu'il condamne. L'humanité
n'est pas sujette aux Loix , puisqu'elle en est la base : si les Tribunaux prononcent des Senten-
ces de mort , ce n'est point pour
faire mourir des hommes , mais
pour extirper les crimes. Ainsi
lorsque la clémence fait cesser
le crime , sans faire périr le coupable , elle remplit toutes les
fonctions de la justice , qui ne
se résout à condamner à mort

que lorsqu'elle ne trouve point d'autre remede : combien de coupables momentanés auroient été long-tems des grands hommes, si la clémence avoit fait taire la Loi ?

H   L'Empereur est instruit des mouvemens de Domitien qui met tout en usage pour soulever les Cohortes contre lui ; il le déclare son Collégue & son Successeur ; il l'avertit en secret de ne pas tremper ses mains dans le sang d'un frere dont il est si tendrement aimé.

M   Titus en punissant Domitien, met sa vie en sureté ; mais aussi il perd un frere, & avec lui l'honneur de compter trois Empe-

reurs Romains dans sa famille ;
en le pardonnant , il épargne à
Vespasien la honte d'avoir un
Fils , & à Titus celle d'avoir
un frere traître & fratricide.
Titus aime donc mieux mépri-
ser le danger qui menace une
vie mortelle , que l'éviter par le
deshonneur éternel de son sang.

Un grand Prince fait toujours
ensorte que l'intérêt de l'Etat soit
l'intérêt du Roi ; par cette attention il acquiert le titre de
Pere du Peuple , & Titus l'a jusqu'ici merité : mais si Titus fait
les délices de Rome , il ne s'appartient point , il appartient à
Rome : c'est donc à Rome à juger le traître qui veut lui enlever

son bien, & la priver de son bonheur : l'autorité qu'exerce Titus en pardonnant Domitien, est donc une autorité illégitime par laquelle il sacrifie les intérêts de Rome à ses intérêts personnels : & Titus loué d'un pardon si généreux mérite d'être blâmé: un Prince qui ne doit , comme nous l'avons déja dit , reconnoître d'autre mere que la justice , ne doit reconnoître d'autre frere que le droit.

H Le regne doux & heureux de l'Empereur dure deux ans , deux mois & quelques jours : il meurt d'une fiévre maligne , à l'âge de quarante & un an, pleuré & regretté de tout le monde :

une Paix univerſelle l'accompa-
gna ſur le Trône , & ne l'a point
quitté pendant ſon regne.

La douceur procure un regne *M*
heureux, lorſqu'elle eſt vertu dans
le Prince : ſes effets ſont diffé-
rens lorſqu'elle eſt du fond du
naturel ; parce qu'on la regarde
comme foibleſſe d'eſprit & ti-
midité : la douceur de Titus eſt
une véritable vertu : ſes exploits
militaires ſont les héraults de
ſa valeur & de ſon intrépidité :
le monde entier voit dans Titus
un ſoldat qui ſe repoſe à l'om-
bre de ſes lauriers , & l'Univers
partage la douceur & la tranquillité de ſon gouvernement.

Titus avant que d'expirer *H*

avoue qu'il meurt avec regret ; parce qu'il croit avoir mérité une plus longue vie , ne se ressouvenant point d'avoir commis quelque action dont il ait à se repentir , excepté une qu'il ne déclare point.

'M La prudence de Titus semble augmenter à mesure que ses forces diminuent. Heureux les Rois qui se font un devoir de l'imiter ! Princes, que la sagesse & la discrétion veillent sur toutes vos paroles : ne vous fiez jamais à vos favoris jusqu'à leur faire connoître vos fautes ; vous voyez Titus ne point déclarer l'action dont il a lieu de se repentir : en avouant qu'il a erré , il avoue

qu'il est homme : mais il fait voir
qu'il est Prince en ne déclarant
point l'erreur.

CHAPITRE II.

DOMITIEN.

DOMITIEN voit enfin par la mort de Titus son ambition remplie : le Trône dont l'éclat l'a ébloui jusqu'à étouffer dans lui les sentimens de tendresse & de reconnoissance qu'il devoit à un frere aimé de l'Univers entier , & qui n'étoit détesté que de lui seul , le Trône , dis-je , devient son héritage : mais après les entreprises criminelles que sa passion de regner lui a inspirées , y portera-t-il

les

les vertus de son Frere ? Regne-
ra-t-il sur lui-même pour regner
justement sur les autres ? Com-
mandera-t-il à ses passions pour
se rendre digne d'être obéi ? Fi-
dele sujet des Loix, ne sera-t-il
Empereur que pour leur donner
de la vigueur par la force de
l'exemple ? Remplira - t - il
avec justice & humanité le dou-
ble titre de maître & de pere
de ses Sujets ? Semblable à
Titus, sera-t-il assez de violence
à ses penchans pour faire dire
que Domitien est Empereur ,
mais que l'Empereur n'est plus
Domitien ? Nous allons le voir
en le suivant pas-à-pas dans toute sa conduite.

III. Partie.   **B**

H   Il succéde à son Frere : &
commence son regne avec ap-
plaudissement : il éleve des édifices superbes , il entretient le
Peuple de Fêtes magnifiques ,
& fait à plusieurs reprises tomber dans les rues de Rome une
pluye d'or & d'argent.

M   Le commencement d'un regne est toujours sujet aux mouvemens séditieux : Domitien
commence donc le sien par un
trait de prudence ; il s'établit
sur le Trône par ses largesses &
par sa magnificence : le Peuple
qui ramasse l'argent ne veut
point d'autre Prince que celui
qui le répand : amusé au Théâ-
tre il ne s'occupe que du plai-

fir préfent , il oublie tous les autres biens : la Nobleſſe qui voit le Prince embellir la Patrie par des Monuments magnifi- ques , loin de ſentir ſon eſclava- ge , loue le Prince qui ſerre ſes chaînes ; mais ces ſentimens ont-ils beaucoup de conſiſtance ? Une amitié achetée ne dure ordinairement que le tems qu'on jouit du prix qu'on l'a vendue. Le Peuple eſt intéreſſé ; il vend ſon amité ; mais il ne l'aliéne pas. Qu'un plus haut encheriſ- ſeur paroiſſe , les libéralités du premier acquéreur ſont en pure perte : les ſeules vertus & non l'argent , mettent le Prince en poſſeſſion de l'amour des Peuples. Titus est adoré pendant sa vie, il est regretté après sa mort, parce que Titus étoit essentiellement vertueux.

H Domitien en amusant le Peuple par des Fêtes, en le gagnant par ses grandes libéralités, n'oublie point de se l'attacher par une voye encore plus flatteuse. Il punit avec une sévérité étonnante les Juges & les Gouverneurs, dont la conduite est vicieuse ; jamais Prince n'inspira aux Tribunaux tant de terreur.

M Le premier soin d'un Prince à son avénement au Trône doit être de se concilier la confiance & l'amitié de la multitude : les Grands d'un Etat sont en

petit nombre , & la crainte fait
sur eux pour le Prince , ce que
fait l'amitié du Peuple : sans
cesse occupés de leur intérêt
personnel , & du soin de conserver leurs grandes possessions , ils
veillent sur leur conduite , pour
ne point être suspects au Prince : châtier les personnes qui
sont en place , est en bonne politique , le moyen le plus sûr
que le Prince puisse mettre en
usage pour se faire aimer de la
multitude : le Peuple est jaloux
de ses Superieurs : leur chûte les
fait descendre au niveau de la
foule : la confusion des grands,
fait la consolation des petits ; &
de la haine des petits contre les

grands , naît cet attachement des premiers , qui eſt la ſûreté du Prince. Monarques , ſi les grands vous environnent , apprenez que les petits vous gardent , & que votre reconnoiſſance doit à la conſolation de ceux-ci , la punition de ceux-la ; plût aux Dieux que les petits vous environnaſſent vous n'en ſeriez que plus grands !

H   Domitien excelle à tirer de l'arc ; il s'amuſe à tuer des mouches à coups de flèche : on n'en voit plus dans ſa chambre : une perſonne ſe préſente un jour à un de ſes Gardes,& lui demande s'il y a quelqu'un chez l'Empereur ; celui-ci répond , qu'il

n'y a pas même une mou-
che.

L'Empereur a des Ministres
qui profitent du tems que Domitien perd : pendant qu'il répand le sang des mouches , ils
recueillent la substance des Sujets ; & tandis qu'il s'amuse à
des choses inutiles , ils songent
à leur utilité ; mais aussi Domitien ne commence-t-il pas à regner à leur gré , pour saisir ensuite le moment de regner à sa
fantaisie ? En tuant des mouches dans sa chambre , n'est-il
pas plus près de ses Ministres ,
qu'en chassant des bêtes fauves ?
& l'amusement de Domitien ne
pourroit-il pas être un jeu réflé-

chi pour mieux connoître ſes Miniſtres ?

H La Moſcovie, la Ruſſie, la Pologne, la Lithuanie, Provinces autrefois compriſes ſous le nom général de Sarmatie, les Tranſilvains & les Peuples de la Dace, aujourd'hui Valachie, ſe ſoulevent contre l'Empire Romain : Domitien les réduit à l'obéiſſance.

M La grande & la plus utile ſcience des Princes conſiſte à ſavoir profiter des événemens qui les ont précedés : la connoiſſance des fautes de ceux qui les ont devancés, les conduit à des actions qui ſervent d'exemple à ceux qui leur ſuccédent : il eſt

est si souvent arrivé, que les Généraux ont tourné leur puissance contre celui de qui ils la tenoient ; que Domitien veut commander en personne ses Armées. Un Général qui par la force appaise une révolte, en suscite souvent une plus dangereuse. Domitien craint ce qui est déja arrivé ; il marche lui-même contre les rebelles; il les subjugue : la crainte de perdre enseigne l'art de conserver.

Lucius-Antonius Saturninus Gouverneur de la Germanie se révolte : Domitien envoye contre lui Appius Normandus qui le tue dans une bataille.

Pourquoi Domitien marche-

III. Partie.   C

t-il en perſonne contre la Moſcovie , la Ruſſie , la Luſitanie,
&c ? Pourquoi au contraire
n'envoye-t-il qu'un Général contre le Gouverneur de la Germanie ? Parce que ſi Domitien
perd la bataille qu'il livre aux
Barbares, quoique vaincu, il reſte Empereur ; & que ſi au contraire il perd la bataille contre
Lucius-Antonius Saturninus , il
reſte non - ſeulement vaincu ,
mais encore ſans Empire. Un
Prince qui marche en perſonne
contre le Nationaux rebelles ,
compromet la Majeſté Royale.
Se meſurer avec ſes Sujets, n'eſt-
ce pas les rendre ſes égaux ?

H   Bien s'en faut que Domitien

veuille defcendre jufqu'à fes
Sujets , ou élever fes Sujets jufqu'à lui , il défend au contraire au Sénat de lui élever des
ftatues à moins qu'elles ne foient
d'or : il ordonne qu'on ne lui donne d'autre titre que celui de Sei-
gneur , ou de notre Dieu.

Si Domitien fe bornoit au
feul deffein de faire rendre à
l'avenir aux ftatues des Empereurs le refpect qui leur eft dû,
l'ordre qu'il donne au Sénat feroit louable. Tout ce qui eft
empreint de l'image du Prince
doit être refpecté : manque-t-on
impunément à la copie , on
manque bien-tôt à l'original.
Mais Domitien veut être Dieu :

le Sénat y confent. C'eſt flaterie:
les Dieux s'y oppoſent , c'eſt
juſtice. Puiſque la Divinité
prend le ſoin de faire rendre à
Céſar ce qui appartient à Céſar,
Céſar doit être attentif à faire
rendre aux Dieux ce qui appartient aux Dieux.

H   L'Empereur entend dire qu'il
doit naître de la race de Da-
vid un Homme qui ſe rendra
maître de l'Univers. Il fait maſ-
facrer tous les Hébreux de cette lignée , excepté deux perſon-
nes qui trouvent grace devant
lui.

M   Etre jaloux d'un Prince qui
eſt encore à naître, ne peut être
que la folie d'un homme qui a

celle de se croire immortel ; faire massacrer une foule d'innocens pour empêcher la naissance d'un ennemi , est une cruauté horrible ; laisser vivre deux personnes dont peut naître cet ennemi si craint , c'est une inconséquence pitoyable : les Dieux se vengent. Domitien nest plus homme depuis qu'il a usurpé à la Divinité le titre de Dieu. Princes , les fautes que l'on voit dans votre gouvernement ne seroient-elles pas une punition attachée aux larcins que vos Courtisans font à la Divinité , & dont vous êtes les receleurs.

Domitien s'attache principalement à persécuter les Chré-

tiens : il bannit les gens de Lettres : les Citoyens les plus con-
fidérables font mis à mort : ce
Prince auffi avare que cruel ,
ufurpe leurs biens , en fe faifant déclarer leur héritier.

M Un Prince qui ne reconnoît
d'autre Religion que fes paffions,
eft ennemi déclaré de celle qui
les traverfe : le Chriftianifme
fe fait refpecter même dans les
tourmens & dans les fupplices ;
il fait trembler Domitien fur le
Trône. Il croit voir la Sainteté
de Jefus-Chrift armée contre
fon impiété : il fe met en dé-
fenfe ; malheur à l'innocent dont
la perte devient un intérêt d'E-
tat ! Un Prince qui hait & perfé-

cute la vertu , fait renoncer ſes Sujets à l'eſpérance de le voir devenir honnête homme.

Pluſieurs prodiges ſe font voir *H* dans les airs , entr'autres on voit une Couronne autour du Soleil , qui eſt priſe , après la mort de l'Empereur , pour le nom de celui qui le tue : il s'appelle Etienne , & ce mot ſignifie Couronne en langue grecque.

Les Dieux ſont les Juges des *M* Rois , depuis que les hommes , ſe défiant d'eux-mêmes, ont bien voulu ſe donner des fers. Il n'y a perſonne ſur la terre qui oſe entreprendre de punir Domitien , le Ciel s'en charge. Tout le monde voit ſa ſentence écrite dans les airs , le seul Dieu Domitien ne fait pas la lire. Rois, que l'aveuglement de Domitien vous éclaire ! Apprenez que fi vous avez des Sujets , vous êtes Sujets vous même du Roi des Rois.

'H   Domitien confulte un Aftrologue fur les phénomenes qui ont paru ; celui-ci répond à l'Empereur qu'il mourra bien-tôt : le Prince lui demande ce qu'il croit devenir lui-même ; l'Aftrologue lui répond, qu'il fera dévoré par les chiens. L'Empereur pour rendre fa prédiction vaine , le fait tuer , & ordonne qu'on brûle fon corps. Le bucher n'eft pas fi-tôt allumé

qu'il eſt éteint par une pluye
abondante ; des chiens ſe jet-
tent ſur le cadavre & le devorent.

Si Domitien eſt perſuadé de
la vanité de l'Aſtrologie , pourquoi conſulte-t-il un Aſtrolo-
gue? Si au contraire il croit que
cette ſcience eſt vraie , pourquoi ne profite-t-il pas de l'a-
vis qu'il reçoit ? Dans l'un ou
l'autre cas , c'eſt être ingrat ,
ou c'eſt être ſtupide. Domitien n'entend que la voix de
ſes paſſions ; il ne ſe ſert de l'autorité ſuprême que pour remplir les nouveaux deſirs qu'elles
lui inſpirent, tandis qu'il n'en eſt
dépoſitaire que pour les combattre : pour être digne de com-

mander aux autres, il faut être capable de commander à soi-même; & quiconque céde à ses penchans, ne mérite point d'être obéi.

H Etienne, un des principaux Officiers de la maison de Domicille, femme de Domitien, feint d'être obligé de porter son bras en écharpe pour mieux cacher un poignard & son dessein; il entre dans la chambre de l'Empereur, & lui présente une liste des Conjurés, qu'il dit avoir découverts : pendant que le Prince lit la liste, Etienne lui donne un coup de poignard dans la gorge. Domitien se précipite sur lui pour lui arracher le poignard ; mais

les Conjurés entrent & l'affaf-
finent âgé de quarante-cinq ans,
à la quinziéme année de fon
empire : Domicille eft entrée
dans la confpiration.

Si Domitien avoit joint au *M*
maffacre des Hébreux celui des
deux perfonnes qu'il épargne ,
fa cruauté , auroit paru conféquente : elle auroit arrêté le bras
que fon inconféquence qu'on
regarde comme une folie fu-
rieufe , a armé ; ceux qui ap-
prochent le plus près d'un tel
Prince , deviennent fes ennemis les plus dangereux , parce
qu'étant les plus expofés au
danger , ils font auffi les premiers qui penfent à s'en garan-

tir : la fureur d'un Prince fu-
rieux ne laiſſe point eſpérer de
guériſon ; ſa fureur eſt incurable, parce qu'il eſt Prince, &
Domicille ne trouve pas de remede plus ſûr à un mal incurable, que la mort.

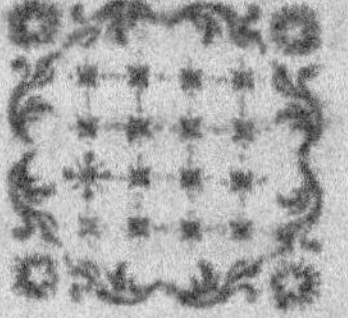

CHAPITRE III.

NERVA.

IL y a une liaison si intime entre le Peuple & le Prince, que l'un ne peut se séparer de l'autre, sans l'entiere ruine des deux. Si le Sujet a besoin d'un Chef pour le guider, le Chef a besoin de bras pour le défendre. La tête seroit - elle bien en sûreté si la main ne paroit les coups qu'on lui porte ? Les Princes ont beau s'étourdir sur cette vérité constante, que l'Etat n'appartient pas tant au Prince, que le Prince à l'Etat, la maxime n'en paroît pas moins certaine aux Princes, qui pénétrés de leur devoir, se conduisent envers leurs Sujets plus en Tuteurs qu'en Tyrans. Les flateurs, ces insectes qui se nourrissent de la corruption flattent les Souverains d'une vaine autorité, & l'esprit de ceux-ci agréablement surpris des discours empoisonnés de ceux-là dévorent ces opinions funestes ; & de Princes qui seroient les délices du genre humain, ils deviennent le fléau de leurs Sujets. Loin de croire que sa volonté est la suprême Loi, & que ses Sujets étant esclaves ils doivent aveuglement se soumettre à ses

ordres, le véritable Prince oppofe la juſtice à ſes volontés, regle tous ſes déſirs ſur ſes devoirs, & modere l'autorité ſuprême par l'amour qu'il a pour
ſes Sujets. S'il employe toute la
ſévérité de la loi, ce n'eſt que
pour en faire reſſentir les effets
à ceux qui oſent l'inviter à la
détruire ; premier ſujet de la
Conſtitution, il fait tomber le
poids de ſon Sceptre ſur quiconque a l'inſolente hardieſſe de la
violer : une heureuſe expérien-
ce lui fait ſentir que la pratique
de ces grandes vérités, loin de
détruire ſon autorité, l'établit,
loin de renverſer le Trône, l'afermit, parce que regner ſur

les cœurs est une autorité que la confiance anime , que l'amour étend , & que la reconnoissance éternise. Nerva , rempli de ces principes solides, succéde à Domitien ; mais en montant sur le Trône, il se donne bien de garde d'y porter les vices de son Prédécesseur.

H Aussi-tôt que Domitien est mort , le Sénat s'assemble pour élire un Empereur ; il ne donne point le tems aux Cohortes Prétoriennes de faire cette Election. Coccejus Nerva , noble Patricien , & natif de Narvi , ville d'Ombrie , est élû : sa sagesse & sa probité l'élevent au Trône de l'Univers.

Lorsque

Lorsque le Sénat élit un Em- *M*pereur qui n'est pas soldat, il prétend élire un Doge qui n'ait que le nom d'Empereur : on a pû déja remarquer que les premiers Empereurs ne dédaignoient pas le Consulat, parce que sous ce titre Républicain, ils établissoient la domination Impériale. Si les Sénateurs élisent aujourd'hui un Patricien ; c'est pour recouvrer l'autorité du Consulat.

Nerva fait serment de ne *H*point faire mourir aucun Sénateur de quelque crime qu'il soit accusé ou coupable: il observe religieusement sa promesse, quoique plusieurs Sénateurs soient

III. Partie.   D

convaincus de crimes très-graves.

M   On voit ici la politique adroite du Sénat , & la fausse délicatesse de Nerva : le Sénat fait capituler l'Empereur fur fon immunité : en faifant de la Souveraineté un contrat , l'autorité fe trouve partagée entre le Prince & le Sénat , parce que l'impunité du crime eft une des parties les plus intéreffantes de la Souveraineté. Cette clause acceptée par l'Empereur rend les Sénateurs Princes , & le Gouvernement devient Républicain fous les apparences de Gouvernement Monarchique.

Nerva fe comporte donc en

bon politique lorſqu'il accepte les conditions du Sénat pour devenir Empereur ; mais il ſe dément , lorſque ſcrupuleux , dans l'obſervation de ſes pro- meſſes , il laiſſe les crimes de quelques Sénateurs impunis : Nerva doit ſavoir que la juſtice , la vertu & la probité des. Sou- verains ne ſont pas la juſtice , la vertu & la probité des Par- ticuliers , que les premiers ont des voyes plus larges & plus libres : rien de plus juſte en effet. La grande & peſante charge d'un Royaume ne mé- rite-t-elle pas ce privilége? Ain- ſi ce ſeroit la Loi , & non pas l'Empereur qui puniroit les cri-

mes commis par quelques mem-
bres du Sénat ; & Nerva feroit
juge fans être parjure.

H   Le premier ufage qu'il fait
du pouvoir fuprême eft en faveur de la liberté des Religions;
il rappelle les Chrétiens exilés.

M   Plus un Etat eft fujet aux fé-
ditions & aux tumultes , plus
la liberté de Religion eft néceffaire pour la fûreté du
Prince. La viciffitude d'élévation & d'abaiffement que nous
avons vû dans le Sénat , prouve combien le Peuple Romain
eft enclin aux nouveautés. La
liberté de confcience paroit
avec raifon à Nerva , le moyen
le plus fûr pour fe foutenir. Ra-

rement ceux qui font d'une croyance différente fe réunif-fent contre le Prince : comme la différente façon de penfer , pour ce qui regarde le fpirituel , influe ordinairement fur la façon d'agir & de fe gouverner dans le temporel, Chaque culte particulier , cherche fon appui dans le Prince , & fait tout ce qui peut plaire au Prince pour l'y trouver. Dans les Etats parfaitement Monarchiques , l'unité du culte favorife l'unité du pouvoir; dans les Républiques au contraire la pluralité des cultes favorife la divifion de la puiffance : dans tout Gouvernement , où l'autorité eft divifée , la réu-

nion des consciences est dangereuse ; elle est au contraire avantageuse à tout Gouvernement ,
dont la constitution est en faveur
d'un seul.

H   Nerva abolit les gabelles im-
posées par Domitien, & restitue
les biens , meubles & immeu-
bles usurpés par ce Prince.

M   Ce n'est pas précisément la
vertu de Nerva qui le rend d'a-
bord agréable au Peuple, ce sont
les crimes & les véxations de
Domitien qui lui gagnent l'affection de ses Sujets : succéder
à un méchant Prince , est un
des plus favorables préjugés à
un Prince qui n'est que médio-
crement bon : les vertus médio-

cres qui succédent aux grands crimes , paroissent au Peuple des vertus éminentes : combattre la mémoire de son Prédécesseur par des vertus opposées aux crimes qui l'ont fait détester, est en bonne politique la science par excellence des Princes. Nerva en abollissant les impôts, & en restituant à chacun les biens que Domitien avoit usurpés , se fait, sans qu'il lui en coûte rien , la réputation de Prince généreux. N'est-ce pas en effet à l'avarice de Domitien que Nerva est redevable de la gloire de paroître libéral ? Princes, si trop attachés à vos intérêts personnels , vous ne pouvez point vous élever jusqu'aux Titus, détachez-vous au moins assez de vous-mêmes pour imiter les Nervas; détruisez les abus, puisque vous êtes incapables de faire des Loix?

H Mais Nerva est trop grand & trop bon Prince, pour vouloir être redevable de l'amour de ses Sujets au Gouvernement injuste de son Prédécesseur: du sein de l'opulence, il descend dans les ténébres de la misere, il s'instruit des besoins de ses Sujets; pere & Roi de son Peuple, il fait couler le superflu du Trône sur les malheureux qui manquent du nécessaire. Il distribue à tous les Pauvres

vres Citoyens Romains certaines poſſeſſions pour les faire ſubſiſter convenablement à leur état ; il nourrit à ſes dépens les pauvres Enfans de la Populace.

La pauvreté des Sujets eſt la *M* ſource des déſordres : un homme qui n'a rien à perdre , ne craint rien pour gagner. La néceſſité qui donne l'excluſion à toutes les Loix , le fait ſon propre légiſlateur : il canoniſe le crime qui lui donne du pain : étayé de la Loi naturelle , il ne reconnoit plus d'autre Dieu , d'autre Roi , d'autre Loi que la néceſſité. Nerva en pourvoyant à la pauvreté de ſes Sujets ,

III. Partie.   E

pourvoit à la sûreté de son Régne : il veut (& c'est ici le chef-d'œuvre de la prudence humaine,) que chacun ait quelque chose à perdre, afin que chacun s'intéresse à la tranquillité de tous : c'est ainsi qu'il regne sur les cœurs des Pauvres; & regner sur les Pauvres , quoi qu'en dise la politique tirannique des Ministres des Princes , est regner sur la plus grande partie du Peuple ; parce que ce n'est plus alors le Prince que les Pauvres défendent , c'est leur bienfaiteur : en défendant la personne du Prince , ils défendent leur vie.

H   Nerva comble ses amis de

riches préfens : le tréfor Impérial ne fuffit point ; mais la véritable libéralité a fes reffources ; il fait vendre fon argente-
rie & les autres meubles précieux de fa maifon.

Nerva pourvoit aux befoins
des Pauvres avec les deniers du
tréfor Impérial , & fait des préfens à fes amis avec ceux de
fon patrimoine : l'Empereur
donne donc à fes amis ce qui
appartient à Nerva , & aux Pauvres ce qui appartient au Prince , leçon des plus inftructive
qui apprend aux Princes à ne
point fe faire des amis aux
dépens du Sujet , & à ne
fe regarder que comme les

œconomes & les amis des Pauvres.

H Nerva fait plusieurs Loix ;
une entr'autres qui défend de
mutiler les enfans, & d'insulter
à l'humanité.

M Cette Loi dont l'idée même
n'étoit point venue à ses Prédécesseurs est une Loi, qui traverse
l'orgueil des Grands & des Princes, dont l'usage est de prendre des Castrates à leur service :
cependant tout le monde s'y
soumet : d'où vient cette doci-
lité ? C'est que Nerva n'ignore
point que le moyen le plus sûr
pour établir des nouvelles Loix,
est d'en faire une qui fasse la loi
à celui qui les fait ; & c'est ce que

Nerva pratique, en se soumet-
tant à l'incommodité de celle,
qui porte défense de faire des
Castrates.

Nerva découvre qu'on cons- *H*
pire contre lui : il apprend que
Crassus Calfurnius est à la tête
des Conjurés, il se contente de
l'exiler.

Si Nerva exerce contre Cal- *M*
furnius toute l'autorité de l'Empereur & toute la sévérité de la
Loi, Calfurnius mourra, mais
sa punition ne durera qu'un moment ; au lieu que Nerva l'exi-
le, & ce supplice dure autant
que sa vie : chacun le regarde
comme un traître, parce que
chacun regarde l'Empereur

comme le modele le plus par-
fait des Princes, & cette honte
eſt pour un Grand une punition
plus vive que la mort : ainſi
Nerva en ſatisfaiſant à la juſtice, & en étalant ſa clémence,
eſt un Prince doux & juſte :

H Elianus Caſporius, Préfet des
Cohortes Prétoriennes, met en
tête aux Soldats de vanger la
mort de Domitien. Il fait maſ-
ſacrer tous les complices de l'aſ-
ſaſſinat de ce Prince : Nerva
pour obvier aux ſuites dange-
reuſes d'une entrepriſe ſi hardie
& ſi contraire à l'autorité ſou-
veraine, adopte Trajan, Général de la Baſſe-Allemagne, Capitaine le plus grand & le plus

verſé dans la politique ; il le préſére à ſes propres parens.

Le Gouvernement où les loix *M* ſont en vigueur , ne plaît point aux Soldats , qui ſous prétexte de vanger l'Empereur aſſaſſiné , veulent en élire un nouveau ; mais Nerva les prévient par l'adoption de Trajan : les Cohortes perdant l'eſpérance d'élire un Prince ſuivant leur goût, ſe contentent de 'celui qu'elles ont : un ſeul acte de prudence déconcerte une armée.

Nerva ne jouit pas long-tems *H* de la tranquillité qu'il a rétablie dans le Gouvernement ; il meurt d'une ſueur ſurabondante , à la ſoixante & onziéme année de

fon âge , & la feconde de fon
regne : le moment de fa mort
eft annoncé par une éclipfe de
Soleil.

'M   S'il étoit vrai que la mort des
grands Princes fût toujours an-
noncée ou fuivie de quelque
phénomene ou prodige , toute
perfonne judicieufe devroit en
conclure , que le Prince en faveur duquel ces prodiges paroî-
troient, auroit un caractere de
fupériorité fur les autres hommes : de-là on concluroit que fi
les Sujets doivent être fcrupu-
leufement attachés à l'obligation de réverer la Divinité dans
la perfonne du Prince , les Princes ne font pas moins obligés

d'être reconnoissans envers la Divinité de cette vertu divine, dont elles les fait participer.

CHAPITRE IV.

TRAJAN.

IL ne suffit pas à un Prince
d'être grand pour être bon :
la politique fait la grandeur, la
seule morale fait la bonté : la
grandeur consiste dans la puissance, & la puissance ne fait
pas toujours la félicité des Sujets ; elle ne fait que les cou-
vrir contre les insultes des Puissances ambitieuses & remuan-
tes : au lieu que la bonté du
Prince met le comble au bonheur du Peuple : la bonté doit

donc être le principe de la grandeur du Prince, il n'eſt que le Prince de ſes Sujets, lorſqu'il ne tire pas ſa grandeur de la bonté, qui eſt le principe de toutes les vertus : mais le titre de pere, on l'a dit ſi ſouvent, eſt le titre le plus glorieux des Princes. Ils doivent donc quoiqu'ils appartiennent plus à l'Etat qu'à eux-mêmes, ſe dérober d'abord à l'Etat pour puiſer dans l'étude de la morale des principes de bonté, avant que de chercher dans les détours de la politique, les principes de grandeur. Puiſqu'il eſt établi que la puiſſance des Rois eſt abſolue, & qu'elle n'a d'autres bornes que leur bon plaisir , quel peut-être le sort des Sujets , si la puissance du Souverain n'est contenue par la bonté du pere ? Si l'on comparoit un Monarque qui n'est pas aussi bon qu'il est puissant , à un grand arbre dont l'élévation réduit à un état de langueur les arbruisseaux qui l'environnent , la comparaison seroit-elle vicieuse ? Le gouvernement équitable & sage de Trajan nous en fera voir toute la justesse.

Quoiqu'Espagnol , né à Italica , près de Séville , les vertus de Trajan sont cheres aux Romains : il est reçu à Rome avec toutes les démonstrations possibles de la joye la plus sincere : il imite Nerva , confirme toutes ses Loix , & respecte ses établissemens.

Quoique Trajan passe à un M nouvel état , il n'entreprend rien de nouveau : grand par lui-même , il n'est point ébloui par la grandeur : ce n'est point Trajan qui regne , c'est le regne de Nerva qui se continue dans Trajan , & Trajan par une telle conduite acquiert dans un moment & sans peine tout le mérite & toute l'affection que Nerva a acquis par un regne de près de deux ans : un Prince qui succéde à un bon Prince, doit porter au Trône l'ame de son Prédécesseur : prendre une route dif-

férente, c'est s'attacher aux privi-
léges, & non pas aux devoirs
de son nouvel état.

H Quelques Courtisans représentent à l'Empereur que ses
Ministres abusent de sa bonté
en se rendant trop familiers
avec leur maître ; il répond que
l'Empereur doit vivre avec les
hommes de la même maniere
qu'il avoit souhaité, étant particulier, que l'Empereur eût vécu
avec lui.

M Le Maître qui ne descend jamais jusqu'à ses Domestiques,
ou qui ne les éleve pas quelquefois juqu'à lui, ne connoit
point leur humeur ; cependant
cette connoissance est l'ame de

la Royauté. Lorfque le Monarque & le Miniftre fe concentrent
ils font dans une continuelle
défiance l'un de l'autre : la familiarité au contraire eft un artifice qu'il convient de tems en
tems d'employer. L'inférieur
n'eft plus retenu par l'éclat de la
fupériorité, il fe développe peu-
à-peu, & fon cœur dans les
épanchemens de la familiarité,
devient un livre que le maître
lit courramment ; alors le Sujet
prend le Prince pour ami, &
l'enfeigne à gouverner en maître,

L'Empereur porte toutes fes
attentions à des édifices qu'il
fait élever pour l'utilité publi-

que non-feulement dans Rome ;
mais encore dans tout l'Empire ; il faît conftruire, au grand
étonnement de tout le monde,
un Pont fur le Danube , fous
Alba Græca , de vingt arcades,
chacune de la hauteur de 150
pieds depuis la fuperficie , dif-
tantes l'une de l'autre de 160
pieds , le Pont étoit large de
plus de foixante pieds.

'M' Avant que de travailler à l'a-
gréable , le Prince doit s'attacher à l'utile. De tous les édifices , il n'en eft point qui foient
plus utiles aux Princes & au
Public que les Ponts & les Che-
mins élargis dans les Monta-
gnes. Par cette attention le Prince

ce facilite le Commerce en tems
de paix , & le paſſage de ſes armées en tems de guerre. Mais
cette politique ne procureroit
pas les mêmes avantages à tous
les Princes : les Princes puiſ-
ſans & qui ne craignent rien de
leurs voiſins, doivent ſeuls en
faire uſage. Les petits Princes
au contraire, loin de s'ouvrir ,
doivent ſe fermer , & s'eſtimer
heureux d'être protégés par la
nature de leur terrein , qui
ſupplée à leur foibleſſe. Trajan,
le plus puiſſant Prince de l'U-
nivers, conſtruit ce Pont en préſence des Barbares ; pour l'Empereur c'eſt une eſpéce de priſe
de poſſeſſion de leur pays ; par-

III. Partie. F

ce qu'il connoit ſes forces : il eſt en état de les maintenir s'ils n'entreprennent rien : veulent-ils paſſer le Pont ? il les ac-cable.

H   Decevalus Roi des Daces , s'étoit emparé ſous le regne de Domitien de quelques terres qui appartenoient aux Romains : Trajan marche contre lui à la tête d'une armée puiſſante , combat Decevalus , le défait, & le rend Tributaire de l'Em-pire Romain.

M   Trajan n'a pas plutôt conſ-truit le Pont qu'il en reſſent tou-te l'utilité ; il aſſujetit la Dace : le Prince qui , pendant la paix, ſçait s'occuper de la guerre , n'a plus pendant la guerre , à s'occuper que de la victoire.

Trajan retourne triomphant *H* à Rome : il donne au Peuple plusieurs Fêtes & ordonne des réjouissances : pendant que le Peuple s'amuse , il se rend aux Tribunaux , & veille à la distribution de la Justice.

Il ne suffit pas au Prince d'é- *M* couter , il faut qu'il voye : se fier à autrui , lorsqu'on peut s'informer par soi-même , seroit une imprudence : l'oreille est faite pour écouter ce que les autres disent ; mais la fonction de l'œil est de voir ce qu'ils font , & l'on n'ignore point qu'il est bien plus prudent de veiller sur les ac-

tions que sur les paroles. La
préfence du Prince expédie les
affaires.

H   Decevalus se révolte , Trajan
marche une seconde fois pour
le forcer à la paix : ce Roi demande qu'on lui envoye Longin un des principaux Officiers
de l'armée & singuliérement
estimé de Trajan , pour conve-
nir des conditions. Longin se
rend près de ce Prince barbare ,
qui envoye dire à Trajan qu'il
tuera Longin s'il ne lui accorde pas la paix ; l'Empereur
répond qu'il préfére le bien public à la vie d'un particulier :
il poursuit la guerre avec tant
de vigueur qu'il réduit Dece-

valus à se tuer de désespoir, &
la Dace devient Province tributaire de l'Empire Romain.

Le Pont de Trajan vaut un *M*
Royaume à l'Empire Romain.
Il n'y a pas dans un Prince ,
d'amour qui soit supérieur à l'a-
mour de regner : en effet si dans
la nature il y avoit quelque chose de plus haut prix que l'Empire , l'Etat d'un Prince ne seroit pas de tous les Etats le
premier , ainsi dans le langage
de la Cour , on appelle politique toute affection du Prince.

Les Grands font des amis par
provision , pour en faire des vic-
times dans le besoin : amis des
Grands, d'où peut venir votre

sécurité? je ne vous connois point de plus grands ennemis.

H   Quelqu'un dit à Trajan que Sura Licinius son favori a formé le dessein de le tuer : l'Empereur va chez Licinius à l'heure du souper, il congédie ses Gardes, & reste seul avec lui : après souper il se fait même raser par un domestique de Licinius : convaincu de sa fidelité, l'Empereur se retire, & dit aux Accusateurs, cessez de penser mal de Licinius, il est homme de bien.

M   Trajan commence ici à jouir des avantages de la familiarité qu'il permet à ses Ministres: si dans les épanchemens de Licinius, il n'a-

voit point développé tout son caractere, Trajan n'iroit point chez
son favori , & ne se feroit pas
raser avec tant de confiance par
un de ses domestiques : quels
éloges Trajan ne merite-t-il
point pour avoir connu la fidélité de celui qu'on accuse , &
quel bonheur est semblable à celui de Licinius qui est connu de
son Prince pour un homme de
bien ! Que peu de Princes peuvent tant se promettre , & que
peu de Ministres peuvent tant
espérer !

Trajan persécute d'abord les
Chrétiens , & fait un Décret
contre la Religion ; mais
quelque tems après il le révo-

que & laisse libre l'exercice du Christianisme ; il donne à tout le monde liberté de conscience.

'M La révocation du Décret de Trajan est une leçon importante pour les Princes. Trajan se rétracte , parce qu'il découvre que son Décret porte sur des suppositions & des calomnies, dont les gens mal intentionnés contre les Chrétiens, ont noirci le Christianisme. Princes , apprenez à ne point être puissans en faveur de vos erreurs & de vos injustices. Loin de vous déshonorer en vous rétractant , vous vous couvrez au contraire d'une gloire immortelle : en réparant vos injustices vous faites

voir

voir au Peuple que vous ne les
auriez pas faites , fi vous aviez
été bien informés , & le Peuple admirant votre modeftie
prend plaifir à trouver coupables ceux qui vous environnent ,
pour vous déclarer innocens :
cette féyérité du Prince , exer-
cée contre lui-même , met le
fujet dans l'Etat le plus heureux,
puifqu'il fe perfuade alors , que
quelque injuftice qu'on lui faffe,
il trouvera juftice auprès du
Prince , même contre le Prince : vos Courtifans ont beau
vous repréfenter qu'il ne convient point à un Prince de re-
culer , ne les écoutez point :
veulent-ils donc vous apprendre

III. Partie.   G

à manier le Sceptre, eux qui doivent être surpris & qui le font en effet de se voir si près du Trône ?

H   Partamitasite reçoit la Couronne & l'investiture du Royaume d'Arménie , de la part du Roi des Parthes qu'il reconnoit pour son Souverain. Trajan en est informé ; il marche contre lui à la tête d'une armée , il soumet l'Arménie , la Mésopotamie & les rend tributaires.

M   Il semble que Trajan doive servir en tout de modele aux Princes ; chacune de ses actions est une leçon des plus utiles pour eux : la conduite qu'il garde en Arménie & dans la Mé-

sopotamie , apprend aux Conquérans le grand art de s'assurer leurs conquêtes : quand le
Pays conquis n'est qu'un peu
éloigné de la résidence du Prince qui l'a subjugué, on peut le ré-
duire en Province , sous un Gouverneur qui contienne le ressentiment de la Nation : mais
lorsque le pays est extrêmement
éloigné , le Conquérant doit se
borner à un tribut raisonnable,
& quelquefois même à la dépendance sans tribut. Si Trajan
réduisoit l'Arménie en Province , il faudroit y entretenir une
armée , & la dépense excéde-
roit le produit : au lieu qu'en
habile politique , il impose le

tribut , & laiſſe les Arméniens
ſous le gouvernement d'un Prince national ; ils conſervent leurs
loix , leurs uſages , & leurs cou-
tumes ; cette douceur leur fait
ſupporter patiemment l'incommodité d'une indépendance ſi libre : ils ſe contiennent par la
crainte d'une nouvelle invaſion ,
qui entraîneroit néceſſairement
leur perte totale.

H Après ſon expédition l'Empereur ſe retire à Conſtantino-
ple pour ſe repoſer : les Ambaſ-
ſadeurs de pluſieurs Rois In-
diens , & des autres pays Orien-
taux viennent le complimenter.

M Les Princes d'Orient deſi-
rent d'être amis de Trajan , de

peur de devenir ſes Sujets : &
Trajan dont le deſſein eſt de
les aſſujettir , fait ſemblant de
lier amitié avec eux , afin
qu'ils ne penſent point aux
moyens d'éviter la ſervitude.
L'amitié entre les Princes eſt
bien quelquefois véritable amitié , mais n'eſt-elle pas ſouvent
un artifice ? Les Princes ne ſont
jamais véritablement amis que
lorſqu'ils ſont aſſez éloignés pour
ne pouvoir pas devenir ennemis.

Un tremblement de terre *H*
ruine Antioche & ſes environs ,
à peine Trajan a-t-il le tems de
ſe ſauver à la campagne , où il
demeure quelques jours logé
ſous des Tentes.

G iij

M   Trajan refte quelques jours à Antioche pour confoler le Peuple. Lorfque le Prince n'abandonne pas fes Sujets dans les difgraces, fa préfence les diminue : être touché des malheurs de fes Sujets, eft la vertu d'un Prince maître ; mais les partager avec eux, eft la vertu d'un Prince pere : le Sujet qui voit le Prince fe rendre par bonté le compagnon de fes miferes, fe ranime, & la douceur de la confolation qu'il trouve dans cet excès de bonté furpaffe l'amertume de fon affliction.

H   L'Empereur part d'Antioche, paffe l'Euphrate fur un Pont de Bateaux, en préfence d'une ar-

mée confidérable des Parthes,
qui veut s'oppofer à fon paffage : Trajan prend Babylone d'af-
faut, fe rend maître de tout le
Pays, qui eft entre l'Euphrate
& le Tigre, & entre victorieux
dans Tefifonte, ville de Per-
fe.

Quelles que foient les entre- *M*
prifes d'un Prince & d'une Nation, le fuccès les couronne,
quand l'un & l'autre fe font fait
un grand nom : le nom du
Peuple Romain & le nom de
Trajan volent devant eux, ré-
pandent la terreur : ils ont vaincu avant que ceux qui les portent foient arrivés au combat :
la réputation des Romains an-

nonce la puissance ; celle de Trajan la victoire: Princes, voilà les avantages de la vertu! le bonheur finit ce que la vertu commence.

H Trajan convoque à Tesifonte les principaux Seigneurs , pour leur faire élire un Roi national , sous la condition d'être vassal de l'Empire Romain : il fait le même établissement dans tous les Royaumes de l'Asie.

M C'est ainsi que les Romains sçavent faire de leurs forces un droit légitime. D'abord ils se font craindre par leur grande Puissance , ensuite ils se font aimer par leur douceur & leur Justice. Ils s'emparent avec violence des

Royaumes, & les rendent aux Peuples avec liberté d'élire des Rois de leur nation : ils ne leur imposent d'autre taxe & d'autre tribut que la dépendance & l'hommage qu'ils exigent pour les Empereurs Romains ; ce n'est pas les soumettre, c'est les protéger contre l'injustice des Tirans : les Romains entrent dans les Pays en Conquérans, & retournent à Rome maîtres légitimes, puisqu'ils ont le consentement des Nations : par cette politique qui porte sur la justice & sur un grand amour de la gloire, ils font de l'usurpation un Contrat, & le Contrat établit la légitimité de leur domination.

H   Trajan étend ſes Conquêtes juſqu'aux Indes ; mais ne trouvant point le Pays auſſi fertile qu'il le croyoit , & apprenant que les garniſons qu'il avoit laiſſées derriere dans le Pays conquis, ont été défaites , il envoye des Généraux pour châtier les rebelles. Il fixe les bornes de l'Empire au-delà du Tigre ; il ſe ſent affoibli par ſon âge , il ſe met en marche pour retourner en Italie.

M   Juſqu'ici Trajan modérant ſon amour de la gloire par une prudence conſommée, peut ſervir de modele , non-ſeulement aux Princes , mais encore aux Princes,grands hommes : mais

Trajan se dément : il ne veut point de bornes pour l'Empire Romain ; le monde entier doit être sous sa domination , & l'Univers & l'Empire ne doivent être selon lui , qu'une & même chose : Princes , que les trois obstacles qui empêchent l'exécution du projet de Trajan, vous apprennent à ne pas toujours vous prêter à votre ambition. Commencez par un examen sérieux du Pays que vous voulez conquérir ; il faut voir d'abord s'il est assez fertile pour nourrir les armées qu'il faut y entretenir : il est des Provinces où une grande armée ne peut pas se soutenir , & qu'une petite ar-

mée ne peut point foumettre :
premiere leçon , mefurer fon
armée fur le Pays. Vous voyez
que Trajan eft traverfé par la
révolte des Pays qu'il a laiffés
derriere lui. Eh quelle eft la nation affez nombreufe pour fournir une armée à chaque Province du monde ? Seconde leçon :
mefurer fes forces avec les Nations que l'on attaque : mais
quand même les deux obftacles
ne fubfifteroient pas , la con-
quête de l'Univers eft-elle donc
l'ouvrage d'un moment ? Trajan
va nous l'apprendre : il fent
que fes années l'accablent : fon
ambition céde au poids de fon
âge : & Trajan s'apperçoit , mais

trop tard que la vie de l'homme est trop courte pour exécuter tout ce que l'esprit projette. Troisiéme & importante leçon, mesurer ses entreprises sur la vie, & ne projetter que ce qui peut être exécuté en peu de tems.

Les Juifs de Cirene & d'E-gypte se révoltent & massacrent tous les Romains qui se trouvent dans ces Provinces : les Juifs de Chypre suivent leur exemple : ils font main-basse sur tous les Habitans de l'Isle : Trajan envoye des Généraux avec ordre de passer au fil de l'épée tous les Juifs que l'on trouvera : les ordres de l'Empereur sont exécutés ; on établit dans l'Isle une Loi portant défenses d'y recevoir aucun Juif, sous quelque prétexte que ce soit.

'M   Les Juifs ont perdu leur Royaume, leur patrie, leurs richesses ; la seule vie, remplie d'incommodités leur reste : elle leur est à charge : ils complotent de la perdre, ou de se dédommager Princes, apprenez que vous n'avez pas de plus dangereux ennemis que vos Sujets lorsque vous les réduisez au désespoir, & que tous les Princes ne sont pas aussi heureux que Trajan : quiconque méprise la vie, ne craint point la justice du Prince ; & celui qui se familiari-

se avec l'idée du supplice est capable du plus grand crime.

Trajan arrive à Séleucie dans *H*
l'Asie mineure, tombe malade,
& meurt en peu de jours : on
soupçonne qu'il a été empoison-
né. Quoi qu'il en soit, il meurt à
la soixante - troisiéme année de
son âge, & à la quatorziéme de
son regne ; il n'a point eu d'en-
fant de Plotine sa femme , &
ne veut point se nommer un successeur.

Lorsque Trajan ne se donne *M*
point de successeur, son inten-
tion est d'en avoir un qui soit
aussi capable & aussi vertueux
que lui : en ne nommant personne sa volonté sera suivie ,

parce que le plus fort, ou le plus politique, ou le plus estimé de ceux qui peuvent prétendre à l'Empire, ne manquera pas d'occuper le Trône ; ainsi Trajan meurt assuré que son Successeur aura quelques qualités du Prince.

CHAPITRE

CHAPITRE V.

PUBLIUS CELIUS ADRIEN.

ROME, après avoir vû pendant une suite de régnes des Souverains qui n'avoient de la Souveraineté que la tirannie, jouit pendant quelque tems de la douceur & de la justice de quelques Princes, qui instruits des devoirs du Trône, voyent plus dans leurs Sujets, leurs enfans, que leurs Sujets. Trajan occupé du soin de donner à Rome un Empereur qui ressemble à Trajan,

III. Partie.   H

& qui comme lui faſſe le bonheur de Rome , n'oſe point ſe
donner un ſucceſſeur , par la
crainte qu'il a de donner un ti-
ran au lieu d'un Prince ; ainſi
il laiſſe à Rome le ſoin de ſe
donner un Pere en ſe donnant
un Maître. L'impoſture de Plotine ſemble favoriſer les dernie-
res volontés de Trajan , & Rome eſt redevable d'un excellent
maître , à l'orgueil de Plotine.

H   L'Impératrice tient la mort
de Trajan ſon époux cachée juſqu'à ce qu'on ait dreſſé un faux
acte d'adoption en faveur de ſon
neveu Adrien : l'Armée trom-
pée par cet écrit proclame
Adrien Empereur.

Plotine, pour conserver sa *M*
grandeur, cache la mort de son
époux ; la femme d'un Empereur mort ne vaut pas aux yeux
du Peuple, la tante d'un Empereur vivant : en faisant adop-
ter Adrien, elle sert le Peuple
Romain, elle le met à couvert
des tristes suites de la rivalité
de plusieurs prétendans. Rome
divisée en plusieurs partis se
déchireroit elle-même, & cette
division favoriseroit les forces
réunies des Peuples nouvelle-
ment soumis. Plotine ment ;
mais ce mensonge est plus avantageux à Rome que la plus grande vérité ; elle se rend nécessaire à Adrien, non-seulement en

lui donnant le Trône, mais encore en l'obligeant de la tenir
à la Cour auprès de sa Personne, de peur qu'elle ne découvre l'imposture qui le fait parvenir au Trône : elle rend le
Prince complice de son crime,
pour pénétrer dans les plus secrettes affaires du Prince : de
sorte que l'imposture de Plotine
devient une affaire d'Etat pour
l'Empereur.

H   Adrien ayant remis les bornes de l'Empire à l'Euphrate,
laisse tous les Pays conquis par
Trajan en pleine liberté : Ca-
tilius Severus est établi Général de la Syrie, & le nouvel
Empereur envoye devant lui les

cendres de Trajan au Senat.

Retrécir les bornes de l'Em-*M*
pire, c'est favoriser les Barbares ; mais en les favorisant,
n'est-ce pas retrécir la gloire du
nom Romain ? Laisser le commandement de l'armée à son favori, c'est s'assurer l'affection
des Soldats : envoyer les cendres de Trajan au tombeau des
Césars, c'est prévenir les Romains en sa faveur ; en honorant la vertu de Trajan, Adrien
se montre vertueux : c'est ainsi
que le nouvel Empereur s'étu-
die à plaire à tout le monde ;
mais cette attention n'est qu'un
rafinement de politique. Adrien
le met en usage, afin que si l'im-

posture de son adoption tranf-
pire , son mérite perfonnel
lui affure la poffeffion de l'Empire. Grands, que vous êtes malheureux dans votre bonheur !
Vos plus belles actions font toujours foupçonnées équivoques.

'H   Dès qu'Adrien eft à une certaine diftance de Rome , on lui
annonce que le Senat lui a pré-
paré le triomphe qui étoit def-
tiné pour Trajan , parce qu'il
a été préfent aux conquêtes de
ce Prince. Mais Adrien refufe
& ordonne que l'on faffe ces
mêmes honneurs à la ftatue de
Trajan.

M   Adrien fe comporte en Prince fage & judicieux ; partager

les honneurs dûs à un Empereur mort, est une action indigne d'un Empereur vivant : & le Prince qui partageroit avec une statue les honneurs que l'on rend à la mémoire de son Prédécesseur, ne se rendroit-il pas coupable du plus lâche des larcins ? Adrien triomphe plus par le refus du triomphe, qu'il ne triompheroit en l'acceptant : savoir laisser les lauriers à ceux qui les ont mérités, c'est se montrer capable d'en moissonner. Rien n'annonce plus dans le Prince la disette des vertus, que lorsque le Prince se pare des vertus de ses Prédécesseurs : c'est un Geai, qui s'enorgueillit du plumage du Paon.

H   Adrien eft non - feulement verfé dans les fciences fpéculatives , mais encore il excelle dans la mufique , la peinture & dans la médecine : fa Cour eft compofée des Perfonnages les plus vertueux & les plus fcavans : il comble les uns & les autres d'honneurs & de biens.

M   Rien de plus difficile que d'exceller dans les Sciences & dans les Arts : y parvenir eft ordinairement le but d'un Particulier ; mais jouir de la fatigue & du travail du Particulier & les récompenfer, doit être l'objet principal d'un Prince. Adrien encore Particulier vouloit avoir

les

les vertus & les perfections d'un
Particulier ; mais devenu Empereur, il veut avoir celles d'un
Prince : faire tous ses efforts pour
exceller dans son état, n'est-ce pas
toujours viser à la domination ?

Adrien rencontre un Parti- *H*
culier qui l'a autrefois offensé ,
& dont-il a juré de tirer vengeance : à présent , lui dit Adrien,
vous n'avez plus rien à craindre.

Toute inimitié entre deux *M*
personnes suppose une égalité
de force : cette égalité cesse dans
l'ennemi d'Adrien , parce qu'il
ne peut point y avoir d'inimitié
entre le Prince & le Sujet : si
l'Empereur se venge de son ennemi ; alors son ennemi mourra

III. Partie. I

glorieux de ce qu'il a fallu qu'A-
drien devînt Prince pour pouvoir le vaincre : sa vengeance
l'enorgueillira , loin de l'humi-
lier:& sûrement ce n'est pas pour
servir l'orgueil de la personne
que l'on hait , que l'on se venge.

H   Les Sarmates ou Peuples de
la Russie, de la Moscovie & de
la Pologne , fondent sur la Mi-
sie, aujourd'hui la Servie & la Bul-
garie. Adrien marche contr'eux
à la tête d'une puissante armée;
il les force à un traité de paix ,
& à rentrer dans leurs Pays :
l'Empereur fait détruire le Pont
de Trajan, pour ôter aux Barbares la facilité de passer le fleuve.

M   On a vû que Trajan connoisfoit les forces de l'Empire Romain , lorfqu'il fit conftruire le Pont ; l'utilité qu'il en tira prouve combien les vues de ce Prince étoient étendues , & fes opérations judicieufes. Adrien donne donc une idée contraire de lui , lorfqu'il ôte aux Romains le paffage dans le pays des Barbares , pour ôter aux Barbares la facilité de paffer dans l'Empire Romain : il devoit fortifier le Pont & non pas le détruire : mais Adrien n'auroit-il pas la foibleffe de vouloir fe venger de fon Prédéceffeur , parce qu'il ne l'a point inftitué fon héritier ? Le Pont de Trajan étoit un monument qui devoit annoncer à

la postérité la plus reculée , sa
grandeur & sa magnificence.
Adrien se venge contre la mémoire de son oncle : c'est peti-
tesse , il est vrai , mais enfin il
se venge : l'autorité est fille de
l'orgueil & de la bêtise , est-il
donc bien étonnant de trouver
dans ses actions un certain air
de famille? Telle est l'illusion des
Grands ; ils croyent frapper des
coups d'autorité, lorsque cédant
à leurs passions, ils donnent des
preuves honteuses de leur im-
puissance.

H　　L'Empereur retournant à Rome, est informé des conspira-
tions que l'on trame contre lui;
La mort des quatre Chefs arrête

les effets ; mais Adrien se donne bien de garde de laisser soup-
çonner qu'il les a fait mourir :
son arrivée à Rome est célébrée
par les Fêtes & les réjoüissan-
ces qu'il donne au Peuple.

Le Prince qui se venge par *M*
toute autre voye que celle des
Tribunaux, entend mal ses intérêts : la vengeance du Prince
doit être une justice. Lorsque le
Prince veut se venger d'une offense personnelle , s'il a la foiblesse d'Adrien , qu'il ait aussi
sa prudence : autrement le sujet n'est-il pas en droit de croire que le Prince fait de la
justice , le ministre de ses passions, & de crier à la tirannie?

H Après s'être reposé quelque tems à Rome , Adrien visite l'Empire, il réforme les abus & les désordres par-tout où il passe: trouvant l'Angleterre inquiétée par les fréquentes incursions des Ecossois , il fait bâtir un mur de quatre-vingt mille pour la sûreté des Frontieres.

M On peut bien respecter ce que l'on ne voit point , mais rarement le cœur aime-t-il ce dont les yeux ne lui ont jamais pû faire rapport. Princes, présentez quelquefois à vos Peuples l'objet de leur respect , si vous voulez être celui de leur amour.

Adrien réforme les abus : punir le mal , quand il est arrivé

est le devoir du Juge ; mais le
le prévenir est celui du Prince :
le premier se fait craindre en
punissant les Sujets ; le second se
fait aimer en leur faisant du bien.
Se faire craindre par la force n'est
point vertu dans un Prince, c'est
la vertu d'une bête féroce : mais
se concilier les cœurs par une
vigilante & tendre prévoyance,
est une vertu si supérieure qu'elle,
n'est ordinairement que la vertu
d'un Prince.

L'Empereur laisse dans tou- *H*
tes les Provinces & dans tous
les Royaumes des monumens
de sa bienveillance : il éleve des
Temples , fait des Loix , re-
dresse les griefs , fait rebâtir

Carthage en Afrique , éleve un superbe tombeau à Pompée sur les ruines de l'ancien , & rétablit Jerusalem.

M. Le Peuple suppose toujours que la Justice marche à côté du Prince : le Prince en honorant les Provinces de sa présence, est donc supposé y porter la justice; le Peuple voit avec satisfaction qu'il peut directement recourir au Prince : cette ressource des opprimés arrête les malversations des Juges , qui profitant de l'éloignement du Souverain, ont l'insolente témérité d'exercer le dépotisme , & de faire souvent supporter les horribles effets de la tirannie sous le meil-

leur des Rois. Adrien senfible
à cette vérité, vifite fes Provinces; cette attention pater-
nelle fait voir que l'Empereur
veut que la gloire du Prince foit
utile au Sujet, & que l'amour
que fa bonté lui mérite, fe joi-
gne au refpect que fa grandeur
lui attire.

Les Juifs mécontens de ce H
qu'Adrien permet aux Gentils
& aux Chrétiens de s'établir
dans la nouvelle Jerufalem, fe
concertent avec les Juifs des
Provinces voifines, fe révoltent contre les Romains, & maf-
facrent une partie des garnifons
& des quartiers établis dans le
Pays. Adrien fait revenir d'An-

gleterre Julius Severus, & l'envoye contre les rébelles : le car-
nage eſt ſi grand, qu'il paſſe
50000 Juifs au fil de l'épée ,
ruine 50 Châteaux & 985 Vil-
lages. Cette punition eſt ſuivie
d'un Décret , portant défenſe à
tout Juif de s'établir dans Jeruſalem.

'M   Le rétabliſſement de Jeruſalem ne ſeroit-il point un piége
que l'Empereur tend à l'orgueil
de la nation Juive ? La nouvelle Jeruſalem retrace le ſouvenir de l'ancienne : les Juifs ſe
rappellent la gloire de leurs
Rois & de leur nation : ce bonheur paſſé aigrit leur ſervitude
préſente : ils ſe piquent d'une

fauſſe émulation. Toujours in-
grats envers leur Dieu , comment ne le ſeroient-ils pas envers leurs Princes ? Ils eſſayent
de faire revivre par la révolte
cette ancienne ſpendeur , qui
leur faiſoit mépriſer tous les Peuples de l'Univers , & ils tombent
dans les filets que la politique des
Empereurs leur a tendus : toute l'Aſie mépriſée par cette Nation inſolente fait que de tous
les hommes les Juifs ſont les plus
difficiles à gouverner , & le plus
portés à la ſédition. C'eſt pourquoi Adrien voyant que cette
Nation n'a d'autre reſſource
qu'elle-même, lui fournit l'occaſion de ſe rendre coupable de

léze-Majesté , pour la détruire
sans scandale.

H   Les Albains & les Message-
tes , Peuples de la Scithie , entrent dans l'Empire Romain ,
ravagent la Médie , l'Arménie
& la Cappadoce : Adrien les
renvoye dans leur Pays par un
Traité.

M   Les Scithes font des Peuples
pauvres , ils ne sortent point de
leur Pays , par l'amour des Conquêtes , mais par le desir de pil-
ler. Si l'Empereur envoye contr'eux une armée , ils poursui-
vront vigoureusement une guerre où n'ayant rien à perdre par
leur défaite , les Romains n'ont
rien à gagner par leur victoire.

L'Empereur doit donc s'attacher à les amuſer par un Traité, pour les forcer à retourner dans leurs Pays, preſſés par la diſette de vivres & de proviſions, & c'eſt ce qu'Adrien pratique.

Un Vieillard ſupplie Adrien *H* de lui accorder une grace qu'il lui refuſe : ce bon Homme retourne à la charge quelques jours après avec une barbe & les cheveux teints en noir ; Adrien le reconnoit, & lui dit, il y a quelques jours que j'ai refuſé à votre pere ce que je ne veux point vous accorder.

Il ne convient point à l'Em- *M* pereur de châtier un Vieillard, mais il ne lui convient point

de laiffer une témérité impunie;
le milieu qu'Adrien trouve eft
d'un Prince judicieux ; il fort
d'embarras par une plaifanterie :
Grands de la terre ne laiffez jamais foupçonner que vous êtes
offenfés.

H Adrien parvenu fans poftéri-
té à un certain âge, adopte pour
fon Succeffeur Elius Verus, qui
meurt avant Adrien : l'Empereur adopte Marcus Antonnius,
iffu d'une illuftre Maifon Ro-
maine, fortie de la Gaule Cifal-
pine, aujourd'hui la Lombardie,
à condition qu'il adoptera les
Fils d'Elius Verus , appellés
Marcus Aurelius , & Lucius
Verus. Peu de tems après cette

adoption Adrien meurt à Baja. Les tourmens qu'il souffre sont si violens , qu'il prie ceux qui l'environnent de le tuer : perfonne n'eft tenté de la gloire de lui rendre un fervice fi odieux : il fe laiffe mourir refufant de boire & de manger , & s'écriant fouvant: *Turba medicorum occidit Regem* : il expire à l'âge de foi-xante-deux ans cinq mois , après en avoir regné vingt & onze mois.

L'orgueil peut feul avoir inven-té les fidei-commis ; le premier qui s'en fervit fut fans doute un homme qui poffedé du Demon de la domination crut fe conferver maître après fa mort de ce qu'il

étoit obligé de quitter en quittant la vie : n'est-ce pas en effet
vouloir dominer sur ses descen-
dans ? La Loi qui se prête à une
si ridicule vanité en faveur des
particuliers , ne peut avoir eu
pour objet que de leur faire respecter les fidei-commis qu'elle
autorise dans la succession des
Princes.

CHAPITRE

CHAPITRE VI.

MARC ANTONIN,
surnommé le Pieux.

BEAUCOUP d'affabilité, une bonté de cœur éclairée sur les devoirs de l'amitié, & vigilante sur les besoins d'autrui, une générosité industrieuse, une sagesse consommée & un grand amour de la paix : toutes ces vertus réunies peignent d'après nature le Prince qui succéde à Adrien.

Antonin n'est pas si-tôt reconnu Empereur, qu'il main-

III. Partie.   K

tient les créatures d'Adrien
dans leurs charges, & qu'il diſtri-
bue tout ſon patrimoine : Fauſtine ſon épouſe lui repréſente ,
qu'il ne convient point de ſe
dépouiller. Antonin lui répond ,
que depuis ſon avénement au
Trône Impérial il a perdu tout
ce qu'il poſſédoit comme particulier.

M   Le tems où les femmes des
Empereurs doivent partager ce
titre auguſte avec leur époux
n'eſt point encore arrivé. L'é-
lévation de leur mari ne change point leur état , elles ne deviennent que plus opulentes ;
leurs paſſions ſont les mêmes ;
mais elles ſont plus aiſées ; les

Empereurs au contraire en parvenant au Trône, deviennent maîtres, & cette transition de l'état de Sujet à la dignité Impériale, fait un changement dans leur cœur & dans leur esprit : ainsi Faustine parle en particuliere, mais Antonin agit en Prince.

On apprend qu'il y a une fermentation en Angleterre, dans la Dace, & dans la Germanie : les Généraux d'Antonin l'étouffent ; & comme on demande à l'Empereur pourquoi il ne va point en personne punir les rebelles, il répond, que la Cour est trop nombreuse, & par conséquent trop à charge à l'Empire, lorsque les Empereurs voyagent.

M Quand le Prince a plusieurs
Armées , il ne doit se trouver
en aucune , parce qu'il ne peut
pas se trouver à toutes. Antonin s'excusant sur le soulage-
ment de ses Sujets, voile adroitement le principal motif qui
l'empêche d'aller commander
une partie de ses troupes : il
ne veut point se donner des
Rivaux dans ses Sujets : car si
quelqu'un de ses Généraux a un
succès plus heureux que lui ,
l'honneur de l'Empereur en
souffrira , & celui qui est supérieur à tous ne doit point supporter de supériorité dans l'inférieur. Un rival de gloire ne

peut-il pas devenir un rival de puissance ? Le succès enhardit le crime, & le Prince agit contre lui-même lorsqu'il se compromet.

Antonin est surnommé Pieux : l'intégrité de ses mœurs & l'excellence de son caractere lui valent ce titre auguste ; sa réputation se répand dans tout l'Univers : plusieurs Rois des Païs les plus éloignés viennent rendre hommage à ses hautes vertus ; Stangore, & Farasmene, sont les premiers. Le seul Roi des Parthes fait des entreprises sur l'Arménie ; mais une seule lettre d'Antonin artête ses projets ambitieux : il se retire dans son païs.

M La grandeur & la piété font deux vertus fi diſtantes l'une de l'autre, qu'elles font comme fur-priſes de fe trouver enfemble. Leur réunion dans un Prince eſt un prodige qui excite l'ad-miration de l'Univers : la po-litique des Princes doit recti-fier des mœurs que leur natu-rel corrompt : Princes , vos ordres font la Loi qu'on écou-te, mais vos mœurs font la Loi qu'on obſerve. La crédulité eſt la vertu dominante du Peuple : il adore les fauſſes vertus com-me les véritables, & prend pour naturelles les vertus de poli-tique.

H Antonin eſt affable envers

tout le monde : le Trône eſt ac-
ceſſible , & l'Empereur d'un
facile accès : la hauteur de la
dignité Impériale n'éloigne plus
perſonne de la préſence du
Prince , & tout le monde lui
parle avec confiance.

Le Prince ne reçoit jamais *M*
des avis plus certains que lorſqu'il ſe laiſſe approcher avec
liberté : il eſt œconome lorſqu'il
permet qu'on lui parle ; puiſqu'il gagne la dépenſe des eſ-
pions : il n'eſt point de Sujet qui
n'aime à parler à ſon Souverain; &
chacun cherche à s'inſtruire des
nouveautés pour mériter la confiance du Prince par le récit
qu'il lui en fait. Les avis qui

viennent au Prince par le motif de la gloire, sont ordinairement plus vrais que ceux qui
lui viennent par un motif d'intérêt : & s'il est vrai , comme
on ne peut en douter, que les
espions soient des monstres dans
la société, de quel œil peut-on
regarder celui qui les employe ?

H   Antonin défend sous des pei-
nes rigoureuses , que les principaux Courtisans , qu'il hono-
re de sa plus intime confiance ,
reçoivent des présens pour les
graces qu'il accorde.

M Un Prince qui permet ce
qu'Antonin défend , est un Prince qui se laisse trafiquer par ses
favoris ; il fait de sa Cour le
premier

premier marché de son Royaume ; ses graces payent un im-
pôt à ses Serviteurs , & ses
Sujets qui sortent contens de
son cabinet sont véxés dans l'an-
ti-chambre. Antonin rougiroit
que quelqu'un de ses Sujets eût
besoin de quelqu'autre personne
que de l'Empereur, & qu'il ache-
tât de ses domestiques des bienfaits que le maître a accordés
gratuitement. Tout doit être
franc dans le Palais du Prince :
vils protégés , vous ne rougissez
pas d'en faire une Douane !

Quoique l'Empereur ne projette , rien & ne fasse point d'entreprise qu'il ne la communique
au Sénat , il tient cependant au-

III. Partie.   L

près de fa perfonne des gens ex-
périmentés dont il puiffe prendre confeil dans les circonftan-
ces épineufes.

M   Le Prince qui ne veut point
s'égarer dans l'adminiftration de
la Juftice , & qui veut maintenir fon autorité , doit avoir près
de lui un Tribunal fupérieur ,
dont l'autorité contienne les entreprifes des autres Tribunaux.
Le Sénat Romain eft le même ,
& pour la dignité & pour la forme , qu'au tems de la Répu-
blique : toujours ébloüi de fon
état primitif, il ne laiffe point
échapper les occafions d'exercer des actes d'indépendance :
Antonin s'en apperçoit ; ainfi

par amour de la tranquillité , il communique tout au Sénat ; mais pour le maintien de la Souveraineté , il soumet tout à l'examen de son Conseil.

Lorsqu'Antonin est informé *H* des malheurs qui arrivent à quelque Citoyen , il le console par des secours pris de ses propres revenus ; il le rétablit. Des incendies font un ravage affreux à Rome , à Antioche , à Narbonne & à Carthage. L'Empereur fait rebâtir à ses dépens toutes les maisons qui ont été brûlées ou endommagées.

Secourir les misérables , est *M* un des plus beaux actes de l'humanité, il concilie au Prince l'amour de tous ses Sujets. Tirer un homme des horreurs de la misere, c'est l'arracher du néant : n'est-ce pas le créer une seconde fois, & cet acte de puissance ne rend-il pas parfaite la ressemblance que les Princes ont à la Divinité? Mais à cette gloire se joint encore l'intérêt du Prince. Le Sujet voyant que son Souverain est informé de ses malheurs particuliers, quoique sa résidence soit éloignée, voit avec plaisir qu'il peut être instruit de tout ce qui se passe; tout le monde se tient sur ses gardes, il ne se fait rien contre la volonté du Prince, parce qu'on

sçait qu'on ne peut rien faire
que le Prince ne le sçache.

L'Empereur modére la ri- *H*
gueur de quelques Loix : il pardonne volontiers ; & lorsque
contraint d'obéir à la Loi , il est
obligé de punir , il diminue toujours le supplice ou la peine.

Afin que la constitution d'un *M*
Etat donne carriere à la clémence du Prince , les Loix doivent
être rigoureuses. Le Prince y
gagne beaucoup , puisqu'il peut
être tout ensemble Juge & Prince. En remettant quelque chose de la peine portée par la Loi,
il punit sévérement, & exerce la
vertu des Rois, la clémence. S'il
pardonne quelquefois entiere-

ment, la grace est plus grande, & plus elle répond à son titre auguste. La Divinité se plaît plus à pardonner qu'à punir : n'est-il pas en effet plus glorieux d'exciter les transports de la reconnoissance, que d'entendre les heurlemens du désespoir ?

H Toutes les fois qu'on parle à Antonin de la valeur de César, d'Annibal ou de quelqu'autre fameux Capitaine, il répond qu'il aime mieux défendre & conserver la vie d'un ami ou d'un sujet, que de tuer cent ennemis.

M Les Cours des Princes regorgent toujours de ces gens qui par intérêt sont ennemis de la

paix , & qui par une avidité
sordide désirent la guerre ; parce qu'ils ne peuvent arranger
leur fortune que dans les désordres qui en sont inséparables.
Antonin, comme tous les Princes, en est environné ; mais aucun d'entr'eux n'ose lui déclarer ouvertement son sentiment,
parce que chacun sçait qu'Antonin aime la paix: la science des
Courtisans consiste à communi-
quer indirectement leurs vues
& celle des Princes à se servir
des mêmes moyens pour les
confondre. Antonin , en disant
qu'il préfére la vie d'un ami
à la mort de cent ennemis ,
leur fait entendre que par amour

pour leur confervation il détef-
te la guerre : il ne fe prête donc
point à leurs vues , quoiqu'il ne
paroiffe point s'y refufer. Demander adroitement , manége
néceffaire au Courtifan s'il veut
fe conferver ; refufer avec poli-
teffe , politique néceffaire au
Prince s'il veut fe foutenir.

H   Tout le monde admire les
vertus d'Antonin , tout le monde les aime. Le Sénat lui décer-
ne le titre de Pere de la patrie &
de Pieux. Il lui éleve un Temple,
& le Pere de Rome en devient
le Dieu. Il meurt d'une fiévre à
la foixante-dixiéme année de
fon âge , & à la vingt-troifiéme
de fon régne , généralement re-

gretté & pleuré : il adopte Marc Aurele son gendre comme il l'avoit promis à Adrien.

On remarque que tous les *M* Empereurs vertueux ont poussé leur carriere jusqu'à une honnête vieillesse : au lieu que les Tirans n'étant point contenus par la Religion, ont réduit par leurs excès leurs Sujets à les assassiner au printems de leur âge, ou se sont réduits à se tuer eux-mêmes de désespoir. Princes, souvenez-vous que le vice & le crime peuvent bien vous conduire au Trône, mais que la seule vertu peut vous y soutenir.

CHAPITRE VII.

MARC AURELE.

^H DE s que l'adopté d'Adrien lui succede au Trône il prend pour Collégue son frere Lucius Verus , & partage avec lui le pouvoir suprême.

M Marc Aurele est un Prince philosophe , qui n'ignore point que se donner un Collégue dans la souveraineté , c'est heurter les premiers élémens de la politique ; quel est donc le motif qui le détermine à diviser ce que la politique rend un par essence : il veut prouver qu'il est capable de regner sans se soumettre aux regles ordinaires de la Royauté : il veut élever le titre de Philosophe au-dessus du titre de Prince , pour faire voir au genre humain qu'ayant été Philosophe avant que d'être Prince , il étoit même capable d'être Prince avant qu'il ne fût entierement Philosophe , & qu'on trouve dans la sagesse un fond inépuisable de regles que la plus profonde politique ignore.

A peine le Stoïcien a-t-il le *H* Sceptre à la main qu'une inondation du Tibre cause des ravages dans la ville & à la campagne ; mais l'Empereur & son frere s'attachent si attentivement à secourir les malheureux à leurs frais & dépens, que chaque particulier se trouve plus que dédommagé par les libéralités des deux Co-Empereurs.

M Quand même les Princes seroient assez dépourvûs des sentimens de l'humanité pour ne point secourir les infortunés dans leurs désastres, ils devroient écouter assez la voix de leur intérêt pour ne pas les abandonner. Si les deux freres se montroient insensibles aux malheurs des Romains, on augureroit mal de leur regne; les Princes ont à faire à des hommes lorsqu'ils ont à faire à leurs Sujets : &

tout Prince qui ne s'attache pas
à s'emparer de l'opinion des
hommes, & principalement de
la multitude, ne soupçonne pas
même l'art de regner : le Peuple ne veut point, ou peut-être
ne peut point se donner la peine de réfléchir, & de raisonner
sur les causes des accidens ; il
ne juge bien que de ceux qui
lui font du bien.

Bologese, Roi des Parthes, *H*
fond à la tête d'une armée puissante sur les Légions Romaines,
qui sont en quartier dans la
Syrie, sous les ordres d'Atro-
dius Cornelianus, qui est obligé
de leur abandonner le païs,
n'ayant point assez de forces pour

lui réſiſter ; mais les Parthes le
pourſuivent avec tant de viva-
cité , qu'il eſt obligé d'en venir à
une action déciſive ; il perd la
bataille & la vie : Marc Aurele
envoye ſon frere Verus , qui
arrivé à Antioche , ordonne à ſes
Généraux de prendre le devant ,
& ſe livre aux plaiſirs & aux
délices que lui préſente la Ca-
pitale de la Syrie.

M   Verus ſoupçonne que ſon frere l'a envoyé à la guerre contre
les Parthes pour ſe défaire de
lui : en bonne politique ce ſoupçon quoiqu'injuſte , n'eſt - il pas
fondé ? S'il paroît plus empreſſé
de regner que de combattre , &
s'il abandonne la gloire de Sol-

dat , pour conferver celle de Prince , ne fe comporte-t-il pas avec prudence ? Grands, qui vous piquez de connoître le cœur de vos maîtres , que penfez-vous de la conduite de Verus ? Prononcez.

Eftafius Prifcus , Avidius Caf- H fius & Martius Verus font les Généraux que l'Empereur a donnés à Lucius Verus : dans l'efpace de quatre ans , ils défont les Parthes en plufieurs batailles , & foumettent tout le Païs jufqu'à Babylone. Lucius Verus divife leurs conquêtes en Royaumes tributaires de l'Empire Romain & en Seigneuries, fous le titre de Comtés , & retourne à Rome pour recevoir les honneurs du Triomphe.

M   Si Verus nous fait voir en lui un Prince qui ne se soucie point d'être Général , il nous montre au moins un Prince qui ne néglige point dans les plaisirs une des principales sciences de la Royauté : il divise le païs conquis , pour établir des feudataires indépendans des grandes Puissances voisines : c'est la barriere la mieux défendue qu'il puisse opposer aux Puissances jalouses de la gloire de Rome : ces Princes , craignant d'être opprimés par les forces supérieures qui les environnent , veillent continuellement sur les

mouvemens

mouvemens de ces puiffances;
ils en informent leur Souverain,
qui, quoique éloigné, a le tems
de prendre fes mefures pour
garantir fes propres Etats, & les
tributaires de l'invafion que l'on
médite. L'intrépidité n'eft pas
une vertu commune; les Princes ont trop à perdre pour ne
pas craindre de fe rifquer : comme ils n'ont rien à défirer dans
la vie, la vie eft leur bien fuprême; & dans une action la
vie d'un Général n'eft pas plus
refpectée par le fort que la vie
d'un Soldat. Verus aime la vie,
& fait fon unique plaifir d'en
jouir. Mais fi Verus n'eft pas
Général pour faire des Conquê-

III. Partie.   M.

tes, il fait voir en lui un Prince qui sçait en jouir.

H   Pendant que Marc Aurele
s'oppose aux Parthes, quelques
Peuples de l'Angleterre se révoltent : il envoye contr'eux Calfurnius Agricola , qui appaise
ces mouvemens.

M   Le nom d'Agricola est fameux
en Angleterre , depuis Cneus
Julius Agricola , qui en a été
Gouverneur sous le regne de
Domitien : Marc Aurele envoye Calfurnius neveu de ce
personage célébre , pour arrêter
les incursions des Ecossois sur
l'Angleterre , Province Romai-
ne : Aurele est un Prince judicieux , la raison préside à

toutes ſes actions ; il profite
même de la réputation d'un
mort en ſe ſervant de ſon neveu : ce nom ſeul lui aſſure le
ſuccès de Calfurnius : les An-
glois reſpecteront dans celui-ci
la célébreté de l'ancien ; &
l'amour & le reſpect qu'ils
avoient pour Julius Agricola,
font l'augure le plus heureux
pour ſon neveu. Le Prince qui
ſçait choiſir ſes Généraux a la
plus grande part à la victoire :
le Prince n'eſt qu'un homme,
il ne peut pas être à tout &
partout. Son mérite conſiſte
donc à bien choiſir les gens
qu'il charge de faire ce qu'il ne
peut faire par lui-même.

M ij

H   Les Cates, Peuple du Sep-
tentrion, font une irruption fur
les terres de l'Empire : Aufidius Vittorinus , Général de
Marc Aurele, les repouſſe bien
loin des Frontieres.

M   Aufidius ſe rend formidable
aux Cates , non par le nombre
de ſes Troupes , mais par la
célérité de ſa marche : il ſe préſente devant eux lorſqu'ils l'attendent le moins, il les ſurprend,
& une armée ſurpriſe eſt plus
qu'à demi vaincue: elle eſt en dé-
ſordre : on fond avec impétuo-
ſité ſur elle ; & on ne lui donne point le tems de ſe reconnoître. La célérité d'un Général habile , non-ſeulement ſup-

plée au nombre, mais encore
épargne le fang ; un an fuffit
au Prince pour remplir fes coffres, il faut vingt-cinq ans pour
faire un homme.

Les Troupes de Lucius Ve- *H*
rus revenues d'Afie, portent la
pefte dans Rome ; la famine,
les inondations & les tremble-
mens de terres fuccédent à ce
fléau dans la ville & dans plufieurs endroits de l'Empire.
L'Empereur fait trouver à fes
Sujets dans leur Souverain toutes les reffources & le foulagement que des enfans peuvent
efpérer d'un pere tendre.

Les malheurs dont le Ciel *M*
afflige les hommes, les rend

religieux , & la Religion dans le Peuple fait le bonheur & la sûreté du Prince : les tems malheureux font des tems favorables pour les Rois : une fenfibilité agiffante leur concilie l'affection de leurs Sujets : le foulagement qu'ils en retirent les rend chers à la Patrie. Malheur aux Princes dont la dureté les empêche de mettre à profit les malheurs de leurs Sujets ! L'opulence d'un pere infenfible indifpofe fes enfans contre lui dans leur mifere ; un Prince qui n'eft pas le pere de fes Sujets, eft il bien digne de leur obéiffance ?

H   Aux malheurs publics fuccédent les malheurs domeftiques.

La vie licentieuse de Fauſtine, que Marc Aurele ne peut point réprimer, l'inquiéte : les confidens de l'Empereur lui conſeillent de la faire mourir ; mais il répond que Fauſtine eſt fille d'Antonin : ils lui conſeillent de la répudier ; il ajoute qu'elle a apporté en dot l'Empire Romain.

On doit aimer le bien plus qu'on ne hait le mal : le bien que poſſede Marc Aurele, eſt l'Empire Romain ; le mal qu'il ſouffre eſt une femme L'Empire eſt un don d'Antonin, & Fauſtine eſt ſa fille : elle porte dans ſon ſang le mérite qui manque à ſes mœurs. Marc

Aurele le respecte ; il fait profession d'une Philosophie Stoïcienne. S'il est honteux à un Philosophe de se déconcerter par les vices d'une femme , il l'est encore plus à un Prince d'en tirer vengeance , & de prendre l'Univers pour confident des troubles Domestiques.

H   Les Sarmates, les Vandales , les Marcomans , les Sueves se rendent maîtres des deux Pannonies , aujourd'hui l'Autriche , & la Hongrie : Marc Aurele & son frere marchent contr'eux à la tête d'une armée formidable ; Lucius Verus meurt d'apoplexie.

M Marc Aurele agit en vrai politique

politique, lorſqu'il ne laiſſe point Verus à Rome. A force de jouer le rôle de maître, il pourroit bien le devenir ; il ne lui confie point le commandement de l'armée; parce qu'il le connoit eſt incapable de commander : ſi l'Empereur l'a envoyé contre les Parthes, ce n'eſt que parce que le ſuccès de cette guerre n'étoit pas déciſif, comme le ſuccès de la guerre qu'il fait en perſonne dans la Germanie ; cette Province eſt au centre de l'Empire. Le Prince doit ſe trouver en perſonne par-tout où il s'agit du ſalut de l'Etat.

La peſte & la diſette d'argent rendent cette guerre très-difficile : Marc Aurele vend tous ses effets les plus précieux, & continue la guerre jusqu'à obliger l'ennemi à en venir à une action générale dans laquelle il le défait : il recouvre tout le païs qu'il avoit perdu, & retourne triomphant à Rome.

'M L'œconomie des Particuliers consiste à entasser leurs richesses : ce superflu leur assure de plus en plus leur nécessaire : mais le nécessaire ne manquant jamais aux Princes, leur œconomie consiste à dépenser ce qui leur appartient en propre pour le bien de l'Etat, & pour étendre leur domination. Princes , n'eſt-il pas vrai que l'Univers entier ne ſçauroit être un ſuperflu pour vous ?

Pendant que l'Empereur eſt *H* occupé dans la Germanie, Avidius Caſſius, Commandant des Légions de l'Aſie , ſe fait proclamer Empereur : Marc Aurele marche contre lui ; mais les Soldats d'Avidius n'attendent point que l'Empereur les ait atteint ; ils tuent le rebelle , & portent ſa tête à Marc Aurele , qui en paroît affligé , diſant qu'on l'a privé d'exercer ſa clémence : il ordonne qu'on l'enterre honorablement , laiſſe une partie de ſes biens à ſa famille , & confiſque l'autre au profit du

Trésor public : il ne veut point exclure ses fils ni ses parens de la Magistrature.

M   Lorsque le Prince se venge d'un Sujet rebelle , il doit étendre les effets de sa vengeance sur la famille , afin qu'elle ne puisse pas se venger du Prince : mais lorsque le Prince est vengé sans avoir participé à la vengeance , il peut avec sûreté épargner la famille : le sort malheureux d'Avidius assure à Marc Aurele la fidélité de ses fils : humiliés de la catastrophe de leur pere , ils n'oseront rien entreprendre qui acheve de les perdre : les gens instruits par les disgraces sont plus attentifs à conserver leur fortune.

Quelques Courtisans repré- *H* sentent à l'Empereur que si la victoire eût couronné la perfidie d'Avidius , il n'auroit pas été si généreux envers son maître. Aurele se contente de leur répondre qu'Avidius ne pouvoit pas le vaincre, parce qu'il ne respectoit pas les Dieux.

Regner sans Religion , ou *M* du moins sans l'apparence, c'est regner sans sûreté : si l'Empire étoit regardé comme une chose qu'on peut acquérir par l'industrie , il ne faudroit plus qu'être hardi & entreprenant pour parvenir à la domination. Que ce soit de Jupiter , ou de tel autre Dieu qu'on voudra , que

Marc Aurele tienne le Sceptre, c'eſt toujours d'un Dieu qu'il le tient : & ſa réponſe fait voir aux Courtiſans , que ce ſont les Dieux , & non pas les hommes qui couronnent les Princes ; & que leurs entrepriſes contre le Souverain ſeroient toujours auſſi criminelles qu'inutiles.

H Marc Aurele n'entreprend,& ne fait rien ſans prendre l'avis du Sénat : il dit qu'il aime mieux ſuivre les conſeils de tant d'hommes ſages , que de les ſoumettre à ſa ſeule volonté.

M Plus le Monarque fait participer de Sujets au Gouvernement , plus il regne en ſûreté : ceux qui participent à l'autorité

en sont les défenseurs : en défendant le Prince, ne défendent-
ils pas leurs intérêts ? Ainsi le Sénat vit content , & Marc Aurele
regne tranquille : l'amour propre de chaque Conseiller est satis-
fait , chacun s'imagine regner ,
tandis que le seul Marc Aurele
régne en effet.

L'Empereur invite les Juifs à
demeurer à Rome , & permet la
persecution des Chrétiens.

Marc Aurele , en faisant voir
tant d'attention pour la Religion , persuade au Peuple qu'il
en a. Les Princes au contraire
en laissant à leurs Sujets pleine
liberté de conscience , prouvent
qu'ils n'en ont point : abandon-

ner avec indifférence cette partie de l'autorité, n'est-ce pas renoncer à la domination sur la partie la plus agissante de l'homme? n'est-ce pas estropier son pouvoir?

H   L'Empereur fait un voyage en Orient : il y regle le Gouvernement, & y établit Pertinax Commendant : de retour à Rome, il trouve Faustine morte, & lui fait élever un superbe Tombeau.

M   Les honneurs que Marc Aurele rend aux cendres de Faustine, sont l'effet de la politique la mieux raisonnée : en honorant son épouse, il couvre l'excès de son libertinage. Quicon-

que ne peut point, ou ne doit
point se venger, ne doit pas paroître offensé, & le plus sûr
moyen de ne point paroître offensé, est de combler d'honneurs celui qui offense : cette
générosité n'est qu'une vengeance déguisée, dont les seules
grandes ames sentent toute la
délicatesse. Eh, plût aux Dieux
que nos Grands ne fussent pas
si petits ! Ils connoîtroient tout
le prix de la vengeance de Marc
Aurele.

Les Germains se révoltent : *H*
Marc Aurele marche en personne ; mais il est attaqué d'une fiévre maligne. Commode son fils
se concerte avec les Médecins

pour accélérer sa mort : il meurt agé de cinquante-huit ans, après en avoir regné dix-neuf ; il ne témoigne point de ressentiment contre les Médecins ni contre son fils.

M   Pour mourir en Prince, le Prince doit mourir en Philosophe : rien de plus naturel que de mourir ; mais la véritable vertu consiste à mourir avec résignation. Si Marc Aurele ne fait point mourir son fils, c'est qu'il aime mieux avoir un fils ingrat que de n'en avoir point du tout : en dépit du fils une partie du pere vit en lui, & l'Empereur espere que cette vertu, qui s'éteint dans Marc Aurele , renaîtra dans la poſtérité de Commode ; il ſe flate que ce n'eſt qu'une éclipſe. D'ailleurs Aurele eſt Stoïcien , & peu de Princes lui reſſemblent par la grande reſſemblance qu'on leur trouve avec les Epicuriens ; il ne regarde la méchanceté de ſon fils que comme une maladie qu'il eſt obligé de ſouffrir en vrai Philoſophe. Commode vit dans l'impatience de regner ; Aurele meurt las des fatigues du Gouvernement ; le fils ambitionne de commander , le pere s'ennuye de ſervir : les Princes meurent ordinairement parce qu'ils y ſont forcés ; Marc Aurele meurt , parce qu'il le

veut. Mourir par sa propre volonté , c'est mourir en Prince :
ne mourir au contraire que parce
qu'on y est forcé , c'est mourir
en Sujet : le dernier souffle du
Prince doit être un acte d'autorité.

CHAPITRE VIII.

COMMODE.

NOUS venons d'admirer la vie de quelques Empereurs que leurs vertus avoient conduits au Trône de l'Univers, Rome a senti sous leur domination toute la douceur de la paternité ; mais le crime qui fait succéder Commode au plus tendre des Peres & au plus grand des Empereurs , va ramener dans Rome les jours ténébreux de la tirannie.

Commode agé de dix-neuf ans, *H*

succede à Marc Aurele ; il achete des Germains , à force d'or ,
la honte d'une paix humiliante ;
il retourne à Rome , où il se vau-
tre dans une sale volupté avec
trois cens concubines & autant
de garçons , dont il enleve la
plus grande partie du sein de
leur famille.

M   Voilà où se termine l'impatience de regner de Commode :
il ne veut point de pere , pour
n'avoir point de frein ; il veut
être Prince pour assujettir les
Loix à ses caprices ; il ne veut
point de guerre , pour mieux faire triompher ses passions ; il
parvient au Trône par le crime , & pense comme le vulgai-

re , que le bonheur du Prince consiste dans l'impunité de ses forfaits. Tel est l'aveuglement du crime, qu'il se croit vertu , lorsqu'il est impuni.

Un nommé Quintianus, Chef *H* d'une conspiration, l'attaque avec un poignard à la main , en lui disant , voilà ce que le Sénat t'envoye ; mais Commode évite le coup. Quintianus est arrêté, & condamné à mort avec tous ses complices , parmi lesquels on trouve sa sœur Lucilla & son cousin Pompeianus.

Commode offensoit vivement *M* les familles Romaines en faisant violence à leurs enfans. Un Prince qui attaque les Sujets sur ce point délicat, rompt lui-même les liens qui les retiennent dans l'obéissance : de même que l'o-béissance est le premier devoir du Sujet envers son Prince ; le principal devoir du Prince est de respecter l'honneur du Sujet ; l'infraction de cette Loi fondée sur le principe naturel autorise & justifie l'infraction de l'autre : dès que le Prince cesse d'être Prince, il est permis au Sujet de cesser d'être Sujet. Les Mai-sons distinguées de Rome n'é-levent point leurs enfans dans cette bassesse de sentiment qui inspire de se procurer les fa-veurs du Prince par l'infamie & la prostitution : leur honneur est attaqué ;

attaqué ; de Sujets que les of-
fensés étoient, ils se portent accusateurs ; & le Tribunal du Public se rend Juge du Prince.
Les paroles de Quintianus an-
noncent à Commode que le Sénat
le dégrade de la dignité Impériale : & Quintianus disant au
Prince, voilà ce que le Sénat
t'envoye, lui dit, tu n'es plus
Prince. Grands de la terre ,
apprenez que la nature peut bien
encore donner des Quintianus,
si elle n'est point avare des Com-
modes.

Perennius, favori & Capitaine H
des Gardes de l'Empereur, fait
un usage criminel de son cré-
dit ; il fait accuser les Citoyens
III. Partie.   O

les plus opulens de Rome , &
s'approprie leurs biens : après
avoir par des voyes si honteuses
accumulé des richesses immen-
ses , il fait des tentatives pour
détrôner son maître, & devenir
Empereur. Mais Commode découvre ses intrigues secrettes ,
& le fait mourir avec son fils.

M   Un Prince qui ne veut prendre de l'autorité suprême que le
pouvoir de remplir ses penchans
vicieux , doit du moins faire
choix de Ministres vertueux ;
s'il n'est point servi par amour,
il l'est par devoir , & la fidélité
en est la suite avantageuse : le
Peuple alors hait les mœurs du
Prince,& respecte son caractere:

les bons Miniſtres traîtent les
Sujets avec douceur pour qu'ils
ſupportent le Prince avec pa-
tience ; & le Peuple mécontent
de la perſonne du Souverain ,
ne l'étant point de ſon gouvernement , reſpecte la Loi de celui , qui viole même toutes les
Loix.

Cléandre ſuccede à Peren-
nius : il hérite de lui ſa place
& la faveur du Prince, & comme lui , il en fait un mauvais
uſage : Cléandre eſt un homme
cruel & de mauvaiſes mœurs,gé-
néralement déteſté. Le Peuple
s'attroupe un jour , va trouver
Commode dans ſa Maiſon de
campagne , & lui demande avec

insolence la tête de Cléandre :
le Prince pour se débarrasser de
la multitude, lui livre son favori,
qui est massacré.

M   Commode péche ici contre les
principes les moins secrets de
la politique , & cet aveuglement est la punition ordinaire
du crime : après avoir livré
Cléandre à la mort pour sauver
sa vie , il devoit punir sévérement les Chefs du tumulte pour
sauver la dignité Impériale.
Lorsque le Prince par sa foiblesse laisse réussir la violence
qu'on lui fait , il s'expose aux
insultes de tout téméraire qui a
l'insolence d'exciter quelque tumulte. Commode mauvais Prin-

ce, n'a pas même les vertus ordinaires des Tirans : la multitude voyant qu'elle peut commander au Prince, met le Prince dans l'impuiſſance de commander à la multitude : & le maître ſouverain de millions de Sujets, devient le ſujet du dernier de ſes Sujets.

Commode donne encore ſa *H* bienveillance à deux favoris, Julianus & Regilius : ils vendent les charges & font aſſaſſiner ceux qui les acquierent, pour les revendre de nouveau à d'autres acquéreurs qui éprouvent le même ſort : de la concuſſion ils paſſent à d'autres crimes énormes en punition deſquels le Prince les fait tuer avec plusieurs autres Miniſtres.

M Eſt-ce par un principe d'é-quité que Commode fait mourir ſes deux favoris ? Non : Commo-de ne ſoupçonne pas même cette vertu : c'eſt par crainte. Inſtruit par la violence que le Peuple lui a faite au ſujet de Cléandre , il ſacrifie ſes miniſtres à la haine du Peuple pour éviter la récidive. Commode craint que celui qui a attaqué impunément l'autorité du Prince , n'oſe attaquer ſa per-ſonne : peut-être que Commode n'élève des ſcélérats aux pre-mieres charges de l'Empire , qu'à fin de trouver l'occaſion de flater le Peuple par de ſi grands

facrifices ; en ce cas la politique
de Commode feroit cruelle, mais
elle feroit conféquente. Le crime fur le Trône ne peut fe foutenir qu'à force de grands crimes.

Commode pour plaire à Mar- *H*
tia, la plus aimée de fes concubines, endoffe la peau d'un Lion,
fe préfente en Public tel qu'on
dépeint Hercule : il s'habille
de tems en tems en Amazone,
fait frifer fes cheveux & les fait
teindre en blond.

Les folies de Commode ne fe- *M*
roient-elles pas un voile dont il
couvre fon Gouvernement in-
jufte ? Il fe voit haï du Peuple

à caufe de fes grandes cruautés, &, pour détruire cette idée,
il fe donne un air mol & effémi-
né : par cette feinte toutes fes
cruautés retombent fur fes Mi-
niftres. Princes méchans, comment ne rougiffez-vous point
de votre condition ? Elle eft
telle que vous ne pouvez cacher
vos vices dominans que par des
vices qui vous rendent fouve-
rainement méprifables.

H   Martia entre un jour dans le
Cabinet de l'Empereur ; elle apperçoit une lifte des perfonnes
dont il a réfolu la mort, & s'y
voyant infcrite, elle eft épou-
vantée ; elle donne à Commode
du

du poiſon , il commence à vo-
mir , & Martia encore plus al-
larmée , craignant que le poiſon
ne ſoit point aſſez fort : elle montre la liſte à quelques perſonnes
qui y liſent leur pertes. Nar-
ciſſe qui y voit ſon nom , tue
d'un coup de poignard l'Empereur , à la trente-deuxiéme année de ſon âge , & à la premiere
de ſon regne.

Tout Prince qui permet l'en- M
trée dans ſon Cabinet aux femmes , trouve ſouvent dans cette
permiſſion ſa propre perte ; leur
foibleſſe les rend curieuſes. La
diſcrétion , on le ſçait , eſt une
vertu qui n'eſt point à leur portée : de ſorte que le Prince en

III. Partie.   P

leur ouvrant fon Cabinet, s'ex-
pofe fouvent à voir leur curiofité
ouvrir le chemin aux trahifons.

CHAPITRE VIII.

PUBLIUS ELIUS PERTINAX.

Elius Letus, Capitaine des Gardes Prétoriennes & complice de l'assassinat de Commode, se rend à minuit chez Pertinax, Préfet de Rome, avant que la mort de l'Empereur ne soit divulguée. Pertinax voyant Elius chez lui, croit qu'il vient pour l'assassiner, & lui dit avec intrépidité d'exécuter les ordres de son maître. Letus lui répond qu'il vient au

contraire pour le faire proclamer ; & après lui avoir racon-
té les circonstances de la mort
de Commode , il le conduit au
quartier des Gardes Prétoriennes.

M   A la Cour les vertus éminentes touchent toujours aux deux
extrémités; elles y sont accablées
par la jalousie , ou elles y sont
une fortune brillante : en un
païs dont les Habitans sont ex-
cessifs , rarement se trouvent-
elles placées dans un honnête
milieu. Loin de la Cour , Pertinax ne couroit point risque de
sa vie ; à la Cour il vit dans l'espérance de regner : c'est le propre des grands hommes , de

préférer le danger accompagné de l'espérance , à la tranquillité qui n'est point accompagnée de la gloire. L'objet des grandes ames est de parvenir à ce qui ne peut s'acquérir qu'à force de vaincre des obstacles. Hors de Rome Pertinax n'auroit été qu'homme de bien , au lieu que Pertinax à la Cour, devient Prince , & l'on a beau dire , le titre d'Empereur vaut bien celui d'honnête homme.

Pertinax est fils d'un Affran- *H* chi, devenu pauvre Marchand à Rome. Il enseigna d'abord la Grammaire , & devint ensuite Avocat : dégoûté de cette profession, il se fit soldat , & monta par degrés aux premiers emplois militaires , & par son mérite obtint la Préfecture de Rome.

M   De tous les Gouvernemens , l'héréditaire est sans contredit le plus utile au Public : le Gouvernement où il y a moins de prétendans à la Souveraineté, est celui où il y a moins de rivalité , conséquemment moins de division. Et le regne de la paix est plus solidement établi où chaque particulier peut jouir de son bien sans inquiétude & sans trouble ; mais si ce gouvernement est le plus avantageux au Public , l'électif ne l'est pas moins aux particuliers , puisque chacun peut aspirer à devenir

Prince ; & ce droit qui fait autant de Princes qu'il y a de Sujets, contient le Prince élû dans
les bornes d'une autorité raifon-
nable.

Pertinax ne veut point que *H*
les Soldats publient fon avénement à la puiffance fuprême
avant que le Sénat ait donné fon
confentement : le Sénat le donne volontiers, convaincu de la
prudence, de la bonté & de la
valeur du nouvel Empereur.

Pertinax par ce trait de poli- *M*
tique remplit deux objets im-
portans : d'abord il fait voir aux
Gardes Prétoriennes que la légitimité de la proclamation ne
leur appartient pas ; enfuite il

fait ſa Cour au Sénat en dou-
tant de la validité de ſa proclamation juſqu'à ce qu'il l'ait con-
firmée : cet acte d'autorité qu'il
lui laiſſe , lui fait autant de
Partiſans qu'il y a de Sénateurs : faire des Rois , n'eſt-ce
pas l'être en effet ? C'eſt ainſi
qu'un Prince penſe d'abord à la
Juſtice avant que de s'occuper
de ſon intérêt , & c'eſt ainſi que
ſon intérêt ſe trouve ſolidement
établi , parce qu'il porte ſur la
Juſtice.

H   Le Sénat ébloui du pouvoir
que Pertinax ſemble lui donner,
ſaiſit avec avidité l'occaſion de
rétablir ſon autorité primitive ;
il donne au fils de l'Empereur le

titre de César, à son épouse celui d'Auguste : Pertinax accepte l'un, & refuse l'autre : il répond que son épouse le mérite, mais que son fils ne portera celui de César qu'après s'en être rendu digne par des actions éclatantes.

L'empressement du Sénat à *M* donner des titres, ne flate point l'Empereur, parce que cette donation porte un air de supériorité, dont Pertinax Prince éclairé se défie : il pénétre les vues du Sénat : il laisse le titre d'Auguste à son épouse, il est sans conséquence, nul droit, nulle autorité, n'y sont attachés : mais il se donne bien de garde d'accorder la même permiſſion à ſon fils. Qui dit Céſar , dit un Collégue de l'Empereur , & un Succeſſeur à l'Empire ; & le pouvoir de ſe donner un Succeſſeur à l'autorité ſuprême , n'appartient qu'à celui qui eſt maître du Sénat.

H Le premier coup d'autorité que Pertinax frappe , eſt le dernier : il veut réprimer l'inſolence des Gardes Prétoriennes accoutumées ſous Commode aux plus grandes ſcélérateſſes & encouragées au crime non-ſeulement par l'impunité , mais encore par l'exemple de ce Prince : ils ſe révoltent contre cette réforme , & courent tumultuairement au Palais Impérial.

Dans un Royaume dont la *M*
conſtitution primitive a été ren-
verſée par la force, le Prince
qui entreprend la réforme des
abus, doit prendre garde aux
moyens qu'il employe : s'il les
attaque par des Loix générales,
il riſque d'être la victime de ſa
bonne volonté : les Loix générales regardent tous les Sujets,
& le reſſentiment de la multitude acquérant des forces par
la réunion, peut aiſément dé-
générer en ſédition. Ce n'eſt
donc que par des Loix particulieres que le Prince peut porter des coups aſſurés aux abus :
ces Loix ne doivent défendre

que ce qui eft contraire à la volonté du Prince ; & le Prince doit être attentif à punir rigoureufement le premier qui ofe les enfraindre : la punition d'un particulier peut alors corriger la multitude , parce que ou fon fort l'intéreffe peu , ou qu'il eft non-feulement inconnu, mais même quelquefois détefté.

H   Les amis de Pertinax lui confeillent de prendre la fuite ; mais intrépide , il va au-devant des mutins, leur parle avec tant de force & de majefté , & leur fait fi vivement fentir l'énormité de leur violence , qu'ils fe foumettent à lui; lorfqu'une autre troupe furvient tout-à-coup , & l'atta-

que à coups de piques. Pertinax
se couvre le visage & se laisse
frapper , sans laisser paroître le
plus léger soupçon de crainte.

De même que l'homme le *M*
plus fort ne peut pas vaincre la
multitude , ni lui résister , &
que le plus bel homme ne plaît
pas à tout le monde ; de même
l'homme le plus éloquent ne
persuade pas tous ses auditeurs.
Pertinax calme bien une partie
des séditieux; mais il ne persuade pas le plus petit nombre , &
ce nombre cependant suffit pour
l'assassiner : la fermeté de Pertinax est une vertu déplacée. Un
Prince doit exercer les vertus
qui compatissent avec la vie :

l'exercice de toute autre vertu qui met sa vie en danger, peut être la derniere qu'il exercera, & par conséquent le priver d'en exercer d'autres : les gens sensés ne trouvent le glorieux mépris de la mort, que lorsqu'on ne peut plus vivre qu'avec infamie.

H   Pertinax meurt âgé de soixante-dix ans, après avoir regné trois mois : il laisse un fils & une fille : le Peuple le regrette & cherche avec fureur les meurtriers d'un si grand Prince; mais ils se fortifient dans leur quartier, & se mettent à couvert de ce premier mouvement de la Populace.

M   Si la Garde du Prince doit

être plus forte que le Peuple , le Prince doit être plus fort que sa Garde. Mais comme le Prince n'a que la force d'un seul homme , il doit suppléer à la force par la ruse : il doit maintenir la division parmi ses Gardes ; l'entretenir dans les Capitaines qui les commandent : l'indépendance réciproque des Commandans écarte leur union. La rivalité pour les grades est avantageuse au Prince ; c'est pourquoi il doit de tems en tems s'égarer de la régle, pour ranimer cette rivalité qui s'éteindroit insensiblement , si le Prince n'accordoit exactement les grades qu'à l'ancienneté de

ſervice : pour ſa plus grande ſûreté , le Prince doit compoſer
ſa Garde de diverſes Nations,
dont la diverſité de mœurs &
d'habitudes rend la réunion moralement impoſſible.

CHAPITRE

CHAPITRE IX.

DIDIUS JULIANUS.

LEs Gardes Prétoriennes voyant que le Peuple n'ose point les attaquer dans leur quartier, font publier dans Rome qu'ils proclameront le plus fort & dernier enchérisseur. Sulpitien Préfet de Rome, & Julianus homme de distinction, ont la bassesse de se présenter à cette honteuse enchere ; le titre de gendre de Pertinax fait rejetter le premier ; le dernier est à force d'argent proclamé dans

III. Partie.　　　　Q

le quartier des Prétoriens

M Dès que les Soldats ont maſ-
sacré Pertinax , & qu'ils n'ont
point été punis , il n'eſt point
étonnant qu'ils oſent mettre à
l'enchere ſa ſucceſſion. L'impunité rend le crime ſi inſolent,
qu'elle peut même entraîner la
perte de l'Etat.

H Les Soldats rangés en ordre
de bataille, conduiſent Julianus
dans Rome & au Sénat , qui
le reconnoit Empereur. Sulpitien eſt dépoſé : Cornelius Re-
pentinus gendre du nouvel Empereur, le remplace : le Peuple
loin d'applaudir à cette élection,
accable au contraire d'injures &
de railleries piquantes celui qui

a acheté au poids de l'or des suffrages si honteux.

Le Sénat a la foibleſſe de re-connoître Julianus , parce que le Sénat eſt compoſé de perſon-nes , qui à l'ancien amour de la liberté & de la gloire , ont ſubſ-titué l'amour des richeſſes dont ils jouiſſent , & le deſir d'en ac-quérir , n'importe par quelle voye. Le Peuple au contraire, qui a fort peu à perdre , a le cou-rage de faire éclater ſon mécon-tentement : l'opulence des Su-jets eſt au Prince le plus ſûr ga-rand de leur fidelité : l'intérêt fait dans un homme riche , ce que le devoir fait dans un h om-me pauvre ; mais l'amour du devoir n'accompagne pas toujours les horreurs de la pauvreté : avec des Sujets riches le Prince peut tout ofer , parce que la confif-cation leur fait tout craindre.

H   Julianus fe trouve un jour au Cirque, le Peuple fe mer à crier : *Percenius Verus viens à notre fe-cours* ! Percenius Vice-conful de l'Afie , informé des bonnes dif-pofitions du Peuple Romain, fe fait proclamer Empereur par fes Légions , & reconnoître par les Rois de l'Afie : Julianus ne fait point de cas de fes nouvelles , il paffe fon tems dans les Fêtes & dans les plaifirs.

M   Méprifer les injures des Par-ticuliers eft grandeur dans le

Prince ; mais n'eſt-il pas impru-
dent s'il mépriſe celles du Peuple ? Le Peuple l'offenſe-t-il impunément , il prend cette impunité pour crainte ; & lorſqu'il apperçoit cette foibleſſe dans celui
qui lui commande , cette idée le
rend entreprenant ; il arrive
quelquefois qu'il fait la Loi à
celui de qui il doit la recevoir.

Septimius Severe, Général de
la Germanie , ſe fait auſſi proclamer Empereur : il marche à
la tête de ſon Armée vers Rome pour faire confirmer ſon
élection par le Sénat. Julianus
à cette nouvelle ſort de ſon aſ-
ſoupiſſement ; il veut , mais trop

tard, se mettre en défense. Les Cohortes Prétoriennes que Julianus n'a point satisfaites ne veulent point s'ébranler en sa faveur.

M   Severe voit que Julianus est haï du Peuple Romain : cette haine lui vaut une armée dans Rome : il le voit sans armée par la révolte de Percenius, & sans défense par le mécontentement des Prétoriens, deux circonstances qui lui assurent le succès de son entreprise. Percenius est le seul qui puisse le traverser ; mais il est trop éloigné : qu'il soit ennemi ou ami de Severe, celui-ci ne craint rien. On est sensible aux disgraces d'un Particulier, mais on profite de celles du Prince.

Septimius arrive en Italie , *H* on le reconnoit Empereur partout où il passe : Julianus lui envoye des Ambassadeurs chargés de lui offrir de le faire son Collégue : Septimius refuse , & répond qu'il est en état de regner seul.

La réponse de Septimius por- *M* te sur une connoissance profonde de l'art de regner. S'il accepte l'offre de Julianus , il lui assure l'Empire , parce qu'appuyé de ses forces il se soutiendra : un Général , proclamé par son Armée, ne va point à la tête de ses Troupes vers le Siége

Impérial pour y établir un autre Empereur que lui. Dès que
Severe entreprend l'ufurpation
de l'Empire , il ne prétend pas
le ravir pour le donner à un autre. Qui n'eft point capable de
regner feul , ne mérite point de
part à l'Empire ; partager
l'autorité fuprême , n'eft-ce pas
la détruire ?

H   Plufieurs perfonnes attachées
aux intérêts de Septimius , entrent nuitamment dans Rome ,
pour difpofer les efprits à le recevoir : l'incertitude où l'on eft
fur la marche de Percenius , rend
leur négociation heureufe.

M   On voit ici combien il importe aux Princes de fe concilier

lier l'amour de leurs Sujets. Leur puiſſance n'eſt que foibleſſe lorſqu'ils n'ont point à oppoſer le cœur du Peuple à leurs ennemis. Severe eſt plus allarmé de la bonne réputation de Percenius que de la préſence de Julianus. Rarement un homme qui achete un Empire, eſt-il digne d'être Empereur. Julianus ſemble n'en avoir fait l'acquiſition que pour prouver cette grande vérité : il eſt ſi déteſté à Rome, qu'il ſuffit à Severe de le mépriſer pour le vaincre ; au lieu que ſi Percenius marchoit vers Rome, ſa réputation en fermeroit les portes à Severe.

Dans les Royaumes hérédi-

taires les Gouvernemens éloignés font les plus recherchés ;
parce que l'éloignement du Prince donne plus d'autorité aux
Gouverneurs. Mais dans les
Royaumes électifs, plus les Gouvernemens font voisins du Trône , plus les Gouverneurs font
puiffans ; parce que presque toute l'autorité fuit la personne du
Prince.

H Julianus déconcerté , prie le
Sénat d'envoyer des Veftales
pour traiter de la paix avec Severe. Le Sénat répond avec
hauteur que celui qui n'ose point
défendre l'Empire par la force ,
ne mérite point que la Religion
le maintienne Empereur.

Dès que le Prince est réduit *M*
à prier , il n'est plus capable
d'ordonner : il cesse donc d'être
Prince.

L'Empire est un bien si digne d'être recherché, qu'il n'y a
que l'impossiblité de l'obtenir ,
qui empêche d'y aspirer : la seule force peut contenir sur ce
point le désir des hommes , parce qu'elle leur ôte l'espérance
d'y parvenir. Et si les petits Princes n'étoient point protégés de
Princes plus puissans, ne seroient-
ils pas souvent renversés ? Le
Prince qui ne peut point se défendre , n'a point de paix à espérer. C'est un roseau que le
premier coup de vent renverse.

H   Les Sénateurs font répandre le bruit que Julianus s'eft empoifonné lui - même , & ils envoyent en même tems des gens pour l'affaffiner : il meurt en préfence de fes amis , à cinquante-fept ans , après avoir regné fept mois.

M   Les malheurs font à-peu-près comme les ombres en proportion avec les corps. Si les Particuliers perdent leurs biens & leur fortune , ils vivent miférables ; mais encore vivent-ils : le Prince au contraire qui perd l'Empire perd tout : fon malheur eft fi grand , qu'il ne peut y rémedier que par la mort : ne feroit-ce pas de cette funefte néceffi-

té, que naît la jalousie des Princes ? Et leur défiance incurable
ne viendroit-elle pas de ce qu'ils
sçavent que cesser de regner
& cesser de vivre , sont deux
expressions qui pour eux peignent la même idée ?

R iij

CHAPITRE XI.

SEPTIMIUS SEVERE.

H SEPTIMIUS Severe arrive à
la tête de son armée près de
Rome: le Sénat envoye au-devant
de lui des Ambassadeurs avec
les Enseignes de l'Empire : Severe ordonne aux Gardes Prétoriennes de venir le trouver sans
armes pour signe de paix : elles
se rendent à son Camp : le nouvel Empereur les fait entourer
par son armée , il leur repro-
che avec hauteur & fierté d'a-
voir assassiné Pertinax , & d'a-

voir eu l'insolence de mettre à l'enchere le premier Trône de l'Univers : il les fait ensuite dépouiller, les dégrade ; les déclare indignes de servir, & les bannit de Rome.

Les Empereurs avoient senti *M* la nécessité de mettre un frein à l'insolence des Gardes Prétoriennes, qui avoient souvent osé attenter à la vie de leurs Souverains : de tout tems aussi ces mêmes Empereurs en avoient connu la difficulté, parce que ce corps est composé de trente mille hommes : la hardiesse mâle de Severe, qui les anéantit du seul coup qu'il frappe, fait voir aux Princes, qu'ils peuvent ce qu'ils veulent , quand ils ont affez de courage & de fermeté pour vouloir ce qu'ils peuvent.

H   Severe entre dans Rome à la tête de fon armée en ordre de bataille : il s'excufe devant les Sénateurs d'avoir pris le titre d'Empereur dans la Germanie , il les affure qu'il ne s'eft fait proclamer que pour les délivrer de Julianus : il ordonne de rendre à Pertinax les honneurs funébres, qu'il convient de rendre à un Empereur Romain.

M   Le Prince qui poffède les vrais principes de la Royauté , tempére la hauteur du commandement par fa modeftie : l'acte de puiffance que Severe fait eft châtié par un extérieur si modeste, qu'il persuade à tout le monde, qu'il respecte le Sénat, non parce que le Sénat est à craindre, mais parce qu'il est respectable. La conduite du nouveau Souverain n'est donc point un effet de sa crainte, mais un effet de sa vertu : Sevère veut (& c'est à ce point principal que les Souverains doivent s'attacher) que tout le monde sçache, qu'il est fier & doux suivant l'occasion ; afin que personne ne soit assez hardi pour abuser de sa douceur, ni assez téméraire pour braver sa fierté ; il cherche à se faire craindre des méchans, & à se faire

aimer des gens de bien : n'eſt-
ce pas en effet le point verti-
cal du commandement raiſon-
nable & légitime ?

H   Severe oblige le Sénat de rendre un culte divin à Commo-
de , & renouvelle ſes titres &
ſa mémoire.

M   Si la Majeſté Impériale eſt
mépriſée , comment l'Empereur
ſera-t-il reſpecté?Princes,que votre premier ſoin ſoit d'inſpirer le
reſpect dû à votre titre Auguſte,ſi
vous voulez que votre perſonne
ſoit reſpectée : imitez Severe ; il
punit le s Gardes Prétoriennes
en les dégradant , il punit le Sénat en l'obligeant d'adorer Commode , qu'il avoit condamné

à mort : le Sceptre fût-il dans la main du crime & de la scélératesse, il n'en est pas moins respectable pour le Peuple. Souvenez-vous toujours que c'est de vous que les Juges de la terre tiennent le pouvoir de juger les hommes, que celui qui fait les Loix peut les détruire, que celui qui peut les détruire, ne peut y être soumis, & qu'il ne releve que du Tribunal des Dieux. Severe ne prétend point approuver les crimes de Commode ; les faire encenser seroit les adorer ; mais il est le défenseur de son titre auguste, & l'ennemi irréconciliable de l'insolence du Sénat, qui ose faire usage contre le Prince de l'autorité qu'il tient du Trône : le coup que frappe son excellente politique assure donc la stabilité au pouvoir suprême : Severe ne merite-t-il pas d'être regardé comme le fondateur de la Royauté, & n'est-il pas un véritable Dieu, puisqu'il fait les vrais Rois ?

H   L'Empereur commence d'abord par marier ses deux filles avec Probus, & avec Etius, personnages les plus puissans de Rome, qu'il fait Consuls quelque tems après.

M   Severe est un Prince qui se consacre tout entier aux devoirs de la Souveraineté : deux filles à marier pourroient occuper le

tems que le pere prétend donner aux affaires de l'Etat : il les
marie, & se dégage des soins
domestiques, pour se donner
plus exactement aux soins publics. Devenu Monarque, il ne
prétend s'occuper que de la Mo-
narchie. Tout Prince qui veut
sincérement se donner aux affaires publiques, doit d'abord
arranger ses affaires domestiques.
Combien de Princes, qui, mal-
gré la vérité de cette morale
ne s'occupent ni des unes ni des
autres, & passent la vie dans
une honteuse oisiveté, source
de tous les vices qui les font
détester de leurs Sujets !

Il ne séjourne à Rome que H

trente jours, il fait pendant ce tems des Réglemens si sages, que pendant tout son regne Rome est pourvue pendant cinq ans d'avance de tout ce qui est nécessaire, & que par l'ordre qu'il met dans ses finances, il trouve toujours dans ses coffres dequoi fournir suffisamment aux dépenses que lui causent ses grandes entreprises.

M   Severe par une si sage conduite fait voir qu'il sçait combien il lui importe en quittant Rome d'y laisser une bonne garnison : celle qu'il y laisse est une des plus fortes ; elle est composée d'autant d'hommes qu'il y a d'Habitans, abondamment pourvûs de vivres ; l'abondance que Severe procure à Rome n'est-elle pas en effet la plus fidelle & la plus forte garnison qu'il peut laisser dans le lieu de la résidence de l'Empereur ? Le Peuple, ordinairement accoutumé à la sobriété, se contente de peu : lorsqu'il a de quoi vivre , il aime mieux jouir , qu'exciter des troubles : jaloux de son aisance , il ne s'occupe que d'elle : indifférent sur les affaires de l'Etat , il aime le Prince , qui le rend aisé , le laisse regner tranquillement : partout où le Peuple jouit , le Prince regne.

Pendant que Severe marche *H* vers l'Asie contre Percenius, il

nomme pour son Collégue Clodius Albinus , Gouverneur de
l'Angleterre : ce Général est
d'un caractere remuant ; & il
est de tous les Généraux Romains le plus en réputation ;
Severe le nomme son Collégue , parce qu'il craint qu'il
ne se révolte pendant son expédition d'Asie.

M Récompenser au lieu de les
punir , des esprits remuans après
qu'ils ont excité quelques troubles , loin d'être générosité
dans le Prince , est en bonne
politique foiblesse. C'est annoncer que l'on craint de châtier :
& toute crainte dans celui qui
peut tout , implique contradic-
tion :

tion ; mais prévenir des caracte-
res semblables par des faveurs
distinguées , c'est sagesse. Elles
peuvent gagner leur affection
au Prince , parce que ce défaut
n'exclut pas la reconnoissance ;
le Sujet pénétré de ce sentiment,
admire alors la grandeur d'ame
de son Souverain , qui s'attache
férieusement à ôter l'occasion
du crime pour n'avoir point celle de punir.

L'Empereur envoye quelques
Officiers avec ordre de s'emparer des passages de l'Europe & de l'Asie mineure ;
il les charge de demander du
secours au Roi des Parthes , de

III. Partie. S H

celui d'Arménie & à plusieurs Tétrarques de l'Orient.

M Quoique Severe recherche des secours étrangers, il ne pense qu'à employer ses propres forces pour détruire Percenius : s'il négocie des alliances, ce n'est que pour les enlever à son ennemi, & l'accabler par des négociations avant que de l'attaquer les armes à la main : ce n'est donc point pour renforcer son armée, mais pour affoiblir Percenius : Severe connoit à fond la science qu'aucun Prince ne devroit ignorer ; il embrasse toutes les faces d'un objet & s'attache aux principales.

Il voit que s'il parvient à engager les Parthes à déclarer la
guerre à Percenius, de quelque
côté que la victoire fe décide,
il en recueille tous les fruits.
Les Parthes font-ils vainqueurs?
Percenius ne peut plus foutenir
le titre qu'il a ufurpé ; fi Percenius au contraire triomphe,
Severe voit dans cette victoire
la défaite d'une nation ennemie
des Romains : ainfi Severe gagne toujours, à la victoire ou à
la défaite de Percenius.

Severe rencontre fur les fron-
tiéres de l'Afie Emilien Général de Percenius qui s'oppofe à
fa marche avec une armée puif-
fante : l'Empereur le force à en

venir à une bataille : il le défait.

M   Un début heureux annonce une fin heureufe , principalement dans les entreprifes guerrieres. L'ennemi battu à l'ouverture de la campagne fe décourage , & un ennemi découragé n'eft-il pas à demi vaincu ? Un Prince qui par la premiere opération fe fait un nom au commencement d'une guerre , peut compter fur deux armées quoiqu'il n'en ait qu'une : fon nom & la confiance dans fon bonheur doublent le nombre de fes Soldats.

H   Severe trouve Percenius dans la Cilicie dans le même endroit où Darius fut vaincu par Ale-

xandre : les deux rivaux se li-
vrent une bataille des plus san-
glantes. On combat avec une
égale valeur ; mais à la fin Percenius est battu : un soldat de
Severe lui tranche la tête : on
la porte sur une lance autour du
camp.

Le sang dont ce lieu a été *M*
deux fois inondé inspire une ré-
flexion qui sert à détruire tous
les raisonnemens des ennemis
de la domination : il faut en
effet que si elle n'est pas un bien,
elle soit du moins un mal bien
nécessaire dans le monde, puisque de tout tems les hommes se
sont sacrifiés pour introduire &
soutenir un seul homme qui seul

eut le pouvoir de les punir &
de les récompenser : qui ne voit
& qui ne sent que cette domination est le soutien de la société , & que sans elle , elle ne
pourroit point subsister? Qu'il n'y
ait point de Monarque , il n'est
point d'homme qui ne veuille
le devenir : chacun fera donc la
guerre à tous pour l'être. Les
hommes ne vivront plus en hommes & feront rougir l'humanité.

H   Severe victorieux , fait tuer
tous les Partisans de son ennemi , il fait détruire la ville d'Antioche , où résidoit Percenius ,
bannit de Rome sa femme &
ses enfans qu'il fait ensuite massacrer.

Un grand Prince n'eſt jamais M
vertueux aux dépens de ſa ſûreté , & les devoirs de la Souveraineté ſont ſi compliqués , que
le Prince peut rarement faire le
bien ſans faire le mal : la cruauté de Severe n'eſt pas aſſurément Juſtice , & cependant elle
eſt vertu dans le Prince. Percenius eſt mort ; mais ſon eſprit
& ſes paſſions ne peuvent-ils pas
vivre encore dans ſes enfans &
dans ſes parens ? Inſtruits par
Percenius dans l'art de regner ,
conſéquemment élevés par l'e-
xemple de leur pere , dans l'eſpérance du Trône , ne pour-
roient-ils pas dans la ſuite être
auſſi ambitieux & plus heureux

que lui ? Severe eſt donc cruel ;
mais il doit l'être : il doit faire
mourir tout ce qui tient à Percenius , afin que Percenius ſoit
entierement oublié , & que ſa
mémoire ne trouble point l'Empereur dans la poſſeſſion de l'Empire.

H   Il récompenſe ceux qui l'ont
ſervi dans cette guerre , & ré-
pare tous les dommages que Percenius a cauſés dans pluſieurs
Villes.

M   Dans les troubles récompen-
ſer les ſoldats fideles , c'eſt punir les rebelles : ceux-ci vain-
cus par les armes ſont moins
affligés de leur défaite , que dé-
chirés par la jalouſie , lorſqu'ils

reflechiſſent

refléchiffent fur le bonheur de leurs camarades : Severe après avoir commencé fa vengeance avec le fer , la perpetue avec l'or. Grands, Severe vous fait ici une leçon bien utile ; puifqu'il vous eft moralement impoffible d'être vertueux , apprenez de lui l'art de farder fi bien vos paffions , qu'on les prenne pour des vertus !

Les Parthes & les Perfes, qui *H* ont embraffé le parti de Percenius , continuent la guerre contre Severe , qui gagne plufieurs batailles , & étend les bornes de l'Empire : il ne quitte l'Orient qu'après avoir conclu la

III. Partie.   T

paix : il retourne à Rome pour
triompher.

'M   Eſt-ce de Percenius que Severe prétend triompher dans
Rome? Une faute ſi groſſiére ne
répondroit point à la grande
connoiſſance qu'il a du caracté-
re Romain : triompher de Percenius , ſeroit rappeller aux Romains le ſouvenir de l'effuſion
de leur propre ſang ; ce ſeroit
les indiſpoſer contre leur Empereur qui eſt Afraiçain : Severe
pour triompher veut donc revenir chargé des dépouilles des
Barbares , & non comme l'ex-
terminateur des Légions Romaines que Percenius avoit ſous

ſes ordres ; il entre dans Rome
comme l'Amplificateur de l'Empire Romain , & n'ignore point
combien un beau titre fait d'impreſſion ſur l'eſprit des hommes :
il triomphe non comme vainqueur de Percenius, mais comme vainqueur des Parthes & des
Perſes. Princes, que vous êtes
heureux ! Les Peuples ne s'attachent qu'aux noms ; ils n'exa-
minent point les choſes. Que
vous êtes grands à peu de frais !

Severe retournant en Europe
trouve de la réſiſtance dans les
Habitans de Biſance , qui ne
veulent pas même le recevoir
dans leur Ville , il la fait détruire.

T ij

M Grandes punitions aux grandes fautes. S'il n'y a point de cruauté dans la punition des fautes dont on peut se glorifier contre le Prince, le Prince ne mérite point d'être Prince, parce qu'il n'est pas juste : la crainte suffit quelquefois pour punir les fautes particulieres : mais aux fautes publiques il faut une punition qui répande la terreur.

H Severe persécute les Chrétiens avec tant de cruauté qu'il en fait massacrer un grand nombre.

M Faute de connoître le vrai Dieu, on est obligé de se faire des Dieux faux, preuve triomphante de la nécessité de l'existance de la Divinité : mais les hommes s'étant donné des Dieux suivant leurs paſſions, il n'eſt point étonnant que des Princes Payens ne ſouffrent point une Religion directement contraire à leurs mœurs, & qui tend à abolir des Dieux qui ſoutiennent leur paſſions : Un Gouvernement où le Prince adore un Dieu, & le Peuple un autre, ne peut être tranquille : les hommes ſont ſi dépourvûs de raiſon, qu'ils défendent avec chaleur ce qu'ils connoiſſent le moins, & la religion eſt aſſurément de toutes les choſes celle qui eſt pour eux le miſtére le plus impénétrable. Il n'y a donc point de milieu pour le Prince :

s'il veut regner tranquillement,
il faut qu'il adore le Dieu de
son Peuple , ou que le Peuple
adore le Dieu de son Prince.

Dès que Severe est retourné
à Rome , il donne le nom de
César à Bassianus Antonius Caracalla son fils aîné ; il marche
ensuite contre Clodius Albinus ,
qui s'est fait proclamer Empereur en Angleterre. Les deux
armées se rencontrent près de
Lyon dans les Gaules , où les
deux rivaux se livrerent la Bataille : Severe dans la mêlée
tombe de cheval , ses Soldats
croyent qu'il a été tué ; la victoire panche du côté d'Albinus ;
mais Leon Général de Severe

rétablit le combat : Severe reparoit dans la mêlée , & Albinus est vaincu ; on lui tranche la tête : Severe la fait mettre dans une place de Rome, après avoir fait jetter le corps dans le Rhône.

Si Albinus fût sorti victorieux *M* de cette Bataille , il auroit paru dans Rome avec tout l'éclat d'un vainqueur de Severe ; mais il est battu, & sa tête y paroît avec infamie : il n'y a point de milieu entre les grands revers , & la grande fortune : si celui qui veut se rendre maître de l'Univers, échoue dans l'exécution , il n'a plus d'asyle sur la terre : il faut donc qu'il en sorte ;

hors du tout point d'autre païs que le néant.

H   On trouve parmi les papiers d'Albinus des lettres de quelques Sénateurs & de quelques Nobles de Rome, qui lui promettent du secours : Severe à son arrivée les fait massacrer, distribue leurs biens à ses favoris & récompense ses Soldats.

M   La sagesse du Prince consiste à récompenser beaucoup de monde, lorsqu'il a beaucoup de monde à punir : l'affection des contens peut seule contrebalancer la haine des mécontens : ceux qui ont quelque droit aux récompenses se réjouissent de la sévérité du Prince, parce qu'elle

le met dans la nécessité d'être libéral : le Prince doux est assuré
de tous ses Sujets : le Prince
Severe au contraire en soupçonne une partie ; il est donc de sa
prudence de s'attacher l'autre
à force de faveurs & de libéralités.

Il fait Préfet des Cohortes
Prétoriennes , Plancius son favori & Africain ; il marie sa
fille nommée Plautine avec son
fils Caracalla qu'il déclare son
Collégue ; il entretient le Peuple dans la joye , répand de
l'argent , fait célébrer des jeux,
& traite tout le monde avec
beaucoup d'affabilité.

Severe traite affablement les

Romains, afin qu'ils ne désap-
prouvent point la confiance qu'il
a dans un Africain : il y a aſſez
de perſonnes dans les Gardes
Prétoriennes capables d'exercer
cette charge & dignes de la
confiance de leur maître : mais
Severe eſt étranger dans Rome :
il eſt au milieu des Romains, &
ſe fie plûtôt à un étranger, parce que les Romains lui envient
ſa fortune : & l'Empereur trouve dans cette jalouſie le moyen
aſſuré d'avoir, ce que les Princes ont rarement, un confident
qui ne peut point en avoir.

H   On apprend de Rome que les
Parthes infeſtent les frontieres
de l'Empire : Severe, quoique

déja vieux, marche en perſonne; emporte d'aſſaut Teſifonte, réſidence du Roi Artaban : il y trouve des tréſors immenſes dont il enrichit Rome.

A meſure que le Prince avan- *M* ce en âge, il doit mettre des grandes affaires en mouvement: les nouveautés intéreſſantes ne donnent point le tems aux Sujets de meſurer leur fortune avec les années du Prince. L'attente du ſuccès des grandes entrepriſes les tient en ſuſpens, & le Prince continue à vivre & à regner. On prend au contraire l'inaction d'un Prince vieux pour une infirmité de l'âge : lorſqu'on a été ſoumis par la force , on ne veut point être gouverné par la foiblesse.

H   Severe de retour à Rome , découvre que son favori Plancius aspirant à l'Empire , ne néglige rien pour corrompre un Tribun des Gardes , & l'engager à tuer Severe & Caracalla ; mais le Tribun le dénonce à l'Empereur.

M   Si Severe étoit moins libéral, il seroit moins instruit , & sa vie plus exposée aux coups de la perfidie : le Tribun revéle tout à Severe , parce qu'il est assûré de la récompense , au lieu qu'il ne l'est point de la part de Plancius : quiconque peut être traitre doit nécessairement être ingrat ; la trahifon de Plancius n'eſt-elle pas l'ingratitude la plus noire ? La mort ſeroit donc la récompenſe que Plancius donneroit au Tribun, parce qu'elle ſeroit une action que la ſaine politique juſtifieroit : en effet Plancius ignoreroit-il que la prudence exige la mort du traitre, après qu'on a profité de ſa trahiſon ? Et celle du Tribun ne devient-elle pas indiſpenſable, ſi l'auteur du parricide veut être ignoré ? Princes, que la libéralité ſoit votre paſſion dominante : l'intérêt ſera votre eſpion : comme il découvre tout, il vous apprendra tout.

Severe ordonne au Tribun *H*

d'aller à minuit trouver Plancius, de lui dire qu'il a exécuté ses ordres, & de le saluer
Empereur : Plancius, va au
Palais Impérial pour admirer
son ouvrage croyant y pouvoir
contempler les cadavres ; mais
il se voit trompé : il avoue son
crime à genoux, demande hum-
blement pardon, & reçoit la
punition dûe à un projet si
odieux de Caracalla qui le
poignarde.

M Rien de plus dangereux que
la confidence des Grands : l'al-
ternative fâcheuse où le Tribun
se trouve, en peint fidelement
tout le danger. Il ne peut pas
se dispenser de promettre d'as-

saſſiner l'Empereur ſans s'expoſer à être aſſaſſiné par Plancius, ſa fidélité l'engage à découvrir à ſon Prince la trahiſon de Plancius, & un ſoupçon dangereux, en eſt la récompenſe : que Plancius refuſe de ſe rendre au Palais, le Tribun ne ſera t-il point puni de mort comme calomniateur ? L'iniquité, l'innocence, la foi, la trahiſon, la diſcrétion & l'indiſcrétion ſont des choſes bien différentes, mais qui ſe reſſemblent à la Cour par l'égalité des riſques qu'elles courent.

Severe fait la viſite de l'Italie, il remet en vigueur la Juſtice, éleve des Edifices ſuper-

bes. La fermentation se renouvelle en Angleterre , l'Empereur s'y transporte , rétablit la
paix & fait détruire le mur de
trente lieues qu'Adrien avoit fait
bâtir.

M   Un Général qui n'est pas Prince peut bien remporter des vic-
toires , & faire des conquêtes ;
mais l'administration de la
Justice, & la vigilance sur l'ob-
servation des loix ne peuvent
être pratiquées que par le Prince. Severe après avoir combat-
tu les ennemis de l'Empire ,
où on l'a vû Général , attaque
ceux de la domination, où on
le voit véritablement Prince :
laisser impunie dans les Tribunaux

naux l'inobſervation des Loix ;
c'eſt leur prêter des armes contre l'autorité ſuprême : Severe
auſſi grand politique que grand
Général , ſent les ſuites dange-
reuſes d'une telle négligence :
il réforme par lui-même les abus;
en confier le ſoin à tout autre
qu'à ſoi , c'eſt en introduire des
nouveaux : Rome n'eſt plus la
réſidence de l'Empereur. Severe
plus grand que ſes Prédéceſ-
ſeurs , n'en reconnoit point
d'autre que l'Empire Romain.
Princes toujours renfermés dans
le centre, de quels maux ne vous
rendez-vous point reſponſables,
puiſque vous ne voyez rien
de ce qui ſe paſſe à la circon-

III. Partie. V

férence ? Comme Severe , ſoyez à tout & par-tout , ſi comme lui vous voulez mériter le titre de grand Prince.

H L'Empereur eſt attaqué de la goutte dans la ville d'Yorck en Angleterre : il eſt averti que ſes deux fils Caracalla & Geta veulent hâter ſa mort par le poiſon : cette nouvelle lui fait tant d'impreſſion & lui cauſe tant de chagrin qu'il meurt , à l'âge de ſoixante & dix ans , après en avoir regné dix-huit & dix mois : il nomme ſes deux fils conjointement héritiers de l'Empire.

M Dans les Païs idolatres où les paſſions des hommes ſont les Dieux qu'ils encenſent , on pré-

feré un Royaume à la probité,
& l'on aime mieux être Roi
qu'honnête homme : il convient
donc pour la sûreté des Peuples,
que les Princes y soient mariés
jeunes ; mais il n'en est pas de
même pour la sûreté des Princes. Parce que les Fils impatiens
de regner, préferent la jouissan-
ce du Royaume à la vie du
Pere ; l'homme en effet (& ce
sentiment est pris dans la nature) se trouve plus heureux dans
le commandement que dans l'o-
béissance : le Peuple intéressé
préférant le plaisir d'espérer à
l'obligation de reconnoître, s'intéresse plus au Prince qui s'éleve, qu'au Prince qui commen-

ce à tomber , & suit le parti du fils contre le pere ; lorsqu'il voit celui - ci trop jeune , & celui-là trop vieux : le pere est-il âgé? Ses enfans sont-ils jeunes ? Le Peuple alors forme des vœux pour la conservation du Prince avec autant de sincérité que pour celle de ses enfans.

Fin de la Troisiéme Partie.

TABLE

DES CHAPITRES

De la troisiéme Partie.

Fautes à corriger.

Page 39, *ligne* 19. afermit, *lisez* affermit.
pag. 47, *ligne* 9 abolissant, *lisez* abolissant.
pag. 51. *lig.* 5. instructive, *lisez* instructives.
pag. 76. *lig.* 7. indépendance, *lisez* dépendance. *pag.* 100. *lig.* 19. arrête, *lisez* en arrête.
pag. 139. *lig.* 7. celebreté, *lisez* célébrité.
pag. 141. *lig.* 19. terres, *lisez* terre. *pag.* 145.
lig. 6. connoitest. ôtez est. *pag.* 182, *lig.* 6. le
glorieux, *lisez* glorieux le. *pag.* 197. *lig.* premiere, nuit, *lisez* naît.